シルクロード 1万5000キロを往く

上 天山南路・天山北路

―大草原と氷河の旅―

今村遼平・中家惠二・上野将司 編著

古今書院

はじめに

私たちは、2005年の雲南旅行、2007年のチベット旅行ののち、古来、中国最大の塔克拉瑪《タクラマ》干《カン》沙漠を中心に展開されてきた陸のシルクロードのすべてを旅してみたいと思った。

周知のように、シルクロード（中国語では〝絲綢之路〟）とは、古代中国の特産品であった絹が、西域（東トルキスタン：今の新疆《しんきょう》ウイグル自治区）・中央アジア（西トルキスタン）を経てヨーロッパや北アフリカへもたらされ、その中央アジアを横断する東西交通の要路を指し、ドイツの地理学者リヒトホーフェン（1833―1905）は、著書『支那　第1巻』（1877）の中で「シルクロード（原文は *Seidenstrassen*）」と名付けた。ドイツ語で絹のことを「ザイデン」、道のことを「シュトラッセン」という。西安からローマまでの総延長は7千㎞にも及ぶ東西交易路である（図1）。

〝シルクロード〟という言葉には、多くの日本人が淡いロマンを感じるのではないだろうか。それは、ギリシヤやローマ、インドなど遙か西方の未知の文化・文明を、西域を介して日本に伝えた道だからか、あるいは単に「シルクロード」という言葉の印象からか？　そんなシルクロードは過酷な自然条件でありながら、古来、東西の交流要路として多くの民族によって利用されてきた道である。この東西交易路では、中国からは絹や陶器・玉《ぎょく》などを運び、西からは中国に珍しい果物や衣類・ワイン・楽器・音楽などが持ち込まれた。「胡弓」「胡琴」「胡瓜」「胡麻」など「胡」(1)の付くものは、ほぼ西方から伝わったものだ。

ユーラシア大陸のシルクロードには大きく分けて3ルートがある。陸上に2ルート（ステップルートとオアシスルート）と海上に1ルートである。陸上ルートのステップルートは北緯50度のあたりの北方ユーラシア草原ルートで、騎馬民族や遊牧民の世界で、匈奴《きょうど》・月氏《げっし》・突厥《とっけつ》・スキタイ等が活躍した地域で、毛織物や馬・葡萄・絹・金製品などが運ばれ、別名〝金の道〟とも言う。

南のオアシスルートは北緯40度から30度あたりに沿って東西に広がる沙漠の地域を行くルートである。西安《シーアン》から河西回廊を通って敦煌に達し、敦煌から塔克拉瑪干《タクラマカン》沙漠の北道・南道・天山北路を経て、アフガニスタン、イラン、イラク、シリア、トルコへと通じる道である。駱駝を連れて旅をする隊商が、途中オアシスで休息する〝銀の道〟とも言う。仏教やゾロアスター教、マニ教などの宗教が伝わった道でもある。アレ

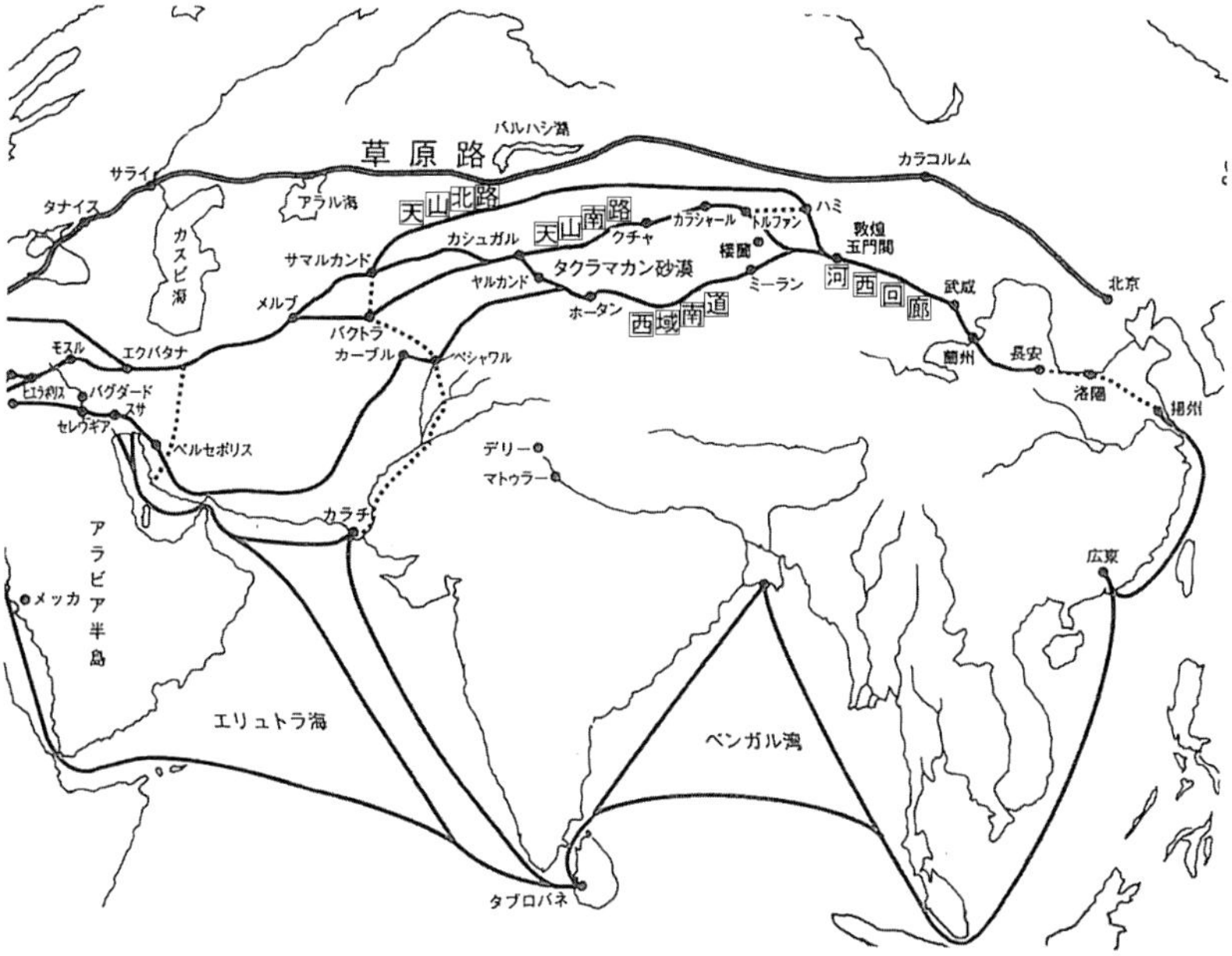

図1　ユーラシア大陸におけるシルクロード（児島，2008）[2)]

クサンドロス（前３５６―前３２３）もこの道を通り、法顕《ほっけん》（３３９?―４２０?）や玄奘《げんじょう》（６００―６６４）などもこの道を通るなど、シルクロードのメインルートであった。

オアシスルート（中国国内）のシルクロードには、塔克拉瑪干沙漠を中心に、次の３ルートがある。

①天山南路（別名西域北道）：塔克拉瑪干沙漠の北縁に沿うルート

②天山北路：天山山脈の北側を中心としたルート

③西域南道（別名崑崙北路）：塔克拉瑪干沙漠の南縁に沿うルート

なお、「河西回廊」は、これら3ルートに共通した西安―敦煌間のルートである。

①は、玄奘三蔵《げんじょうさんぞう》がインドへの往路で取ったルートで、敦煌→烏魯木斉《ウルムチ》・吐魯番《トルファン》→焉耆《カラシャール》→庫車《クチャ》→喀什《カシュガル》（帰路に通っている）とたどって、パミール高原（葱嶺《そうれい》）に入る。

②は、漢代に張騫《ちょうけん》（?―前１１４）が匈奴にとらわれたり、帰国後に武帝の求めに応じて汗血馬を求めて再度西行したルートである。

③は、主として法顕《ほっけん》がインドへ行くときに通ったルートで、敦煌→楼蘭《ローラン》→亀茲《きじ》→和田《ホータン》などを経て、パミール高原から西北インドへ入っている。

いずれも、東は敦煌を起点とする東西の主要交易路であると同時に、仏教東進のルートでもある。

陸に対して海のルートは船で自由に航海でき、中国の揚州や広東などの港から絹や陶磁器などが西に運ばれ、地中海のシリアやレバノン、ヨルダンからガラスや金属器・宝石・琥珀・象牙・真珠などが東へ運ばれ、絹や陶磁器などが西へ運ばれた。中国が進める現代版シルクロード経済圏構想「一帯一路」は沿岸国65カ国以上、鉄道や道路、港湾のインフラ建設による陸域のシルクロード経済ベルトと、

21世紀の海上シルクロードでもある。

陸のオアシス３ルートは、烏魯木斉《ウルムチ》にある新疆博物館に眠る〝楼蘭の美女〟の着物や持ち物などから見ても、おそらく歴史時代以前の太古の昔から、東西を結ぶ交易ルートとして使われていたと思われる。歴史時代にはいり、漢の張騫が武帝（前１５６―前87）の命を受けて前１３９年に西域、さらに前１２１年に再び烏孫国《うそんこく》など西方中央アジアを訪れ、大夏《だいか》（バクトリア）[3]まで到達し、そこで見たインド経由で伝来してきたと思われる中国四川省成都特産の邛竹《きょうちく》の杖や蜀織の布などが売られているのを見て驚いた事実（《史記》西域伝）から見ても、蜀→雲南→ビルマ→インド→大夏という交易ルートが、それ以前に既に形成されていたことが分かる。その他のルートもあったのかもしれない。

歴史時代に入ると、３世紀頃からインド北部発祥の仏教が、この大沙漠の３ルートを経由して東へ伝わり、中国を経て日本にまで到達したという事実、同時に西方と中国の文物が互いに交わって東西文化の交流の場となったその地域を、自分の足で踏みしめ、そこに残る歴史的事実（遺跡）を自分の目で見て、遠古の歴史を実感したいという強い思いが私たちにはあった。

これら歴史的事実のほか、私たち地形・地質を主な業とする者として、これまで経験したことのない沙漠と、その材料をもたらした周辺の山岳地帯での実体験、そこに展開される人文地理的な人々の営みへの興味も大きかった。そこで、次のように8年をかけて、このような歴史の場を自分の目で見、同じ地を踏んで歴史的存在を実感することができた。

第Ⅰ編　天山南路（西域北道）……２０１１年（8月2日～8月12日）

第Ⅱ編　天山北路…………２０１４年（7月29日～8月9日）

第Ⅲ編　西域南道（崑崙北路）……２０１５年（7月30日～8月10日）
第Ⅳ編　河西回廊……………………２０１８年（8月1日～8月9日）

これら第Ⅰ編～第Ⅳ編はこれまで、それぞれ月刊「地理」（古今書院）に連載してきた。この本はそれらを、連載では削除した部分を含めてまとめたものである。

なお、私たち編著者のほかに、高安克己・真下光昭・籾倉克幹（故人）・尾上篤生・鈴木敏之・堤駿介・神嶋利夫・魯誠寿・神谷振一郎・長田真宏・北久保鈴香などの諸氏にも、原稿の一部を分担していただいたことをここに記して、深甚なる感謝の意を表したい。また、古今書院の原光一氏には連載のはじめから本書の発刊に至るまで、多くのご教示・援助を賜った。合わせて深く感謝の意を表するものである。

２０２１年9月

代表　今村　遼平

[注]
（１）北方民族のことや、西方から中国にもたらされたものを、「胡」をつけて呼んだことによる。
（２）児島建次郎編（２００８）『悠久なるシルクロードから平城京へ』雄山閣。
（３）バクトリア：中央アジアのヒンドゥ山脈とアム・ダリア川に挟まれたバルフを中心とした地域の古代名称。

目次

【下巻目次】

私たちの旅行ルート

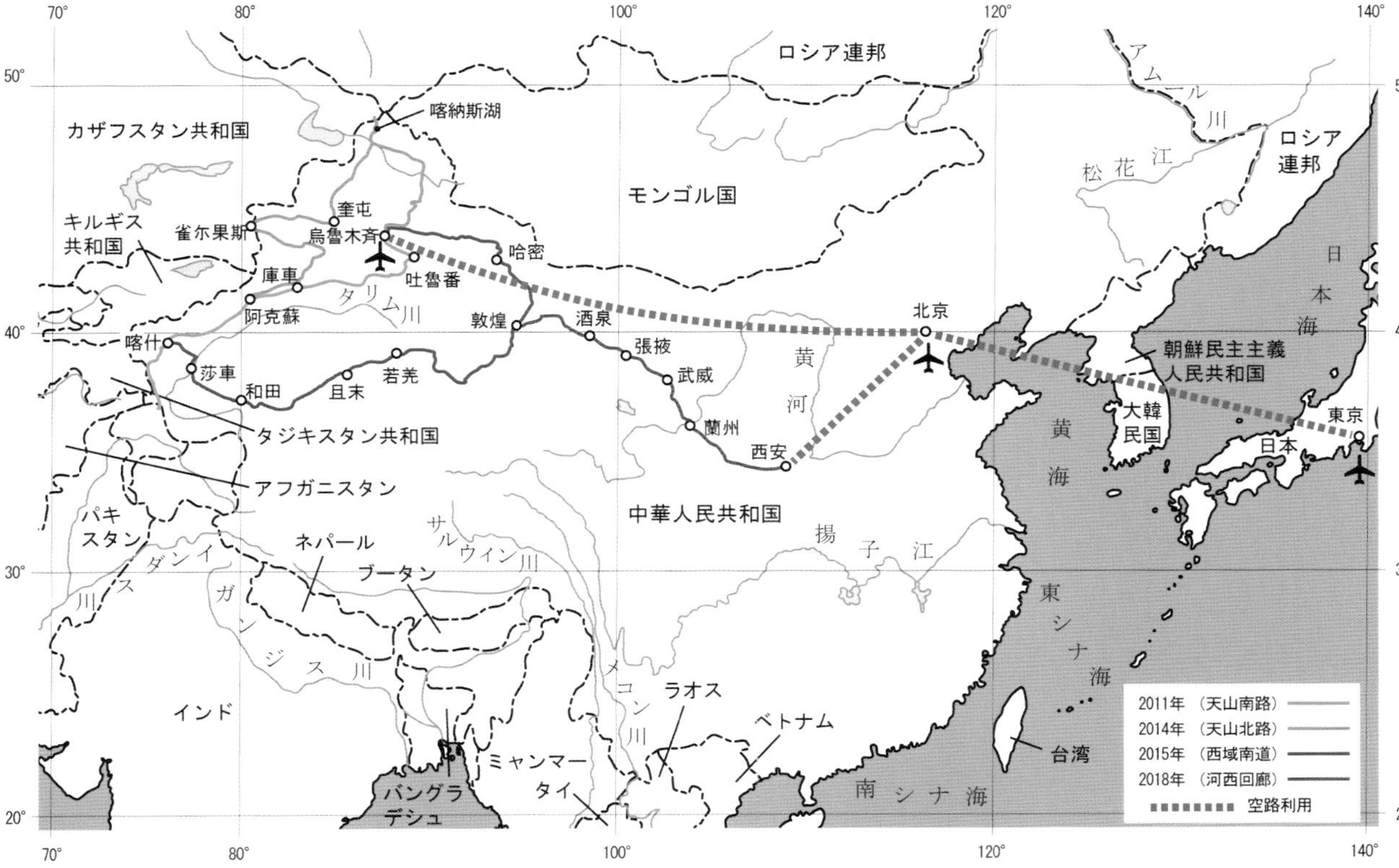

ロシア連邦
喀納斯湖
カザフスタン共和国
モンゴル国
キルギス共和国
雀尔果斯
奎屯
烏魯木斉
哈密
吐魯番
庫車
阿克蘇
タリム川
敦煌
酒泉
張掖
武威
蘭州
西安
北京
黄河
喀什
莎車
和田
且末
若羌
タジキスタン共和国
アフガニスタン
中華人民共和国
パキスタン
インダス川
ガンジス川
ネパール
ブータン
サルウィン川
揚子江
インド
バングラデシュ
ミャンマー
タイ
メコン川
ラオス
ベトナム
南シナ海
東シナ海
黄海
台湾
アムール川
松花江
ロシア連邦
日本海
朝鮮民主主義人民共和国
大韓民国
日本
東京
2011年（天山南路）
2014年（天山北路）
2015年（西域南道）
2018年（河西回廊）
空路利用

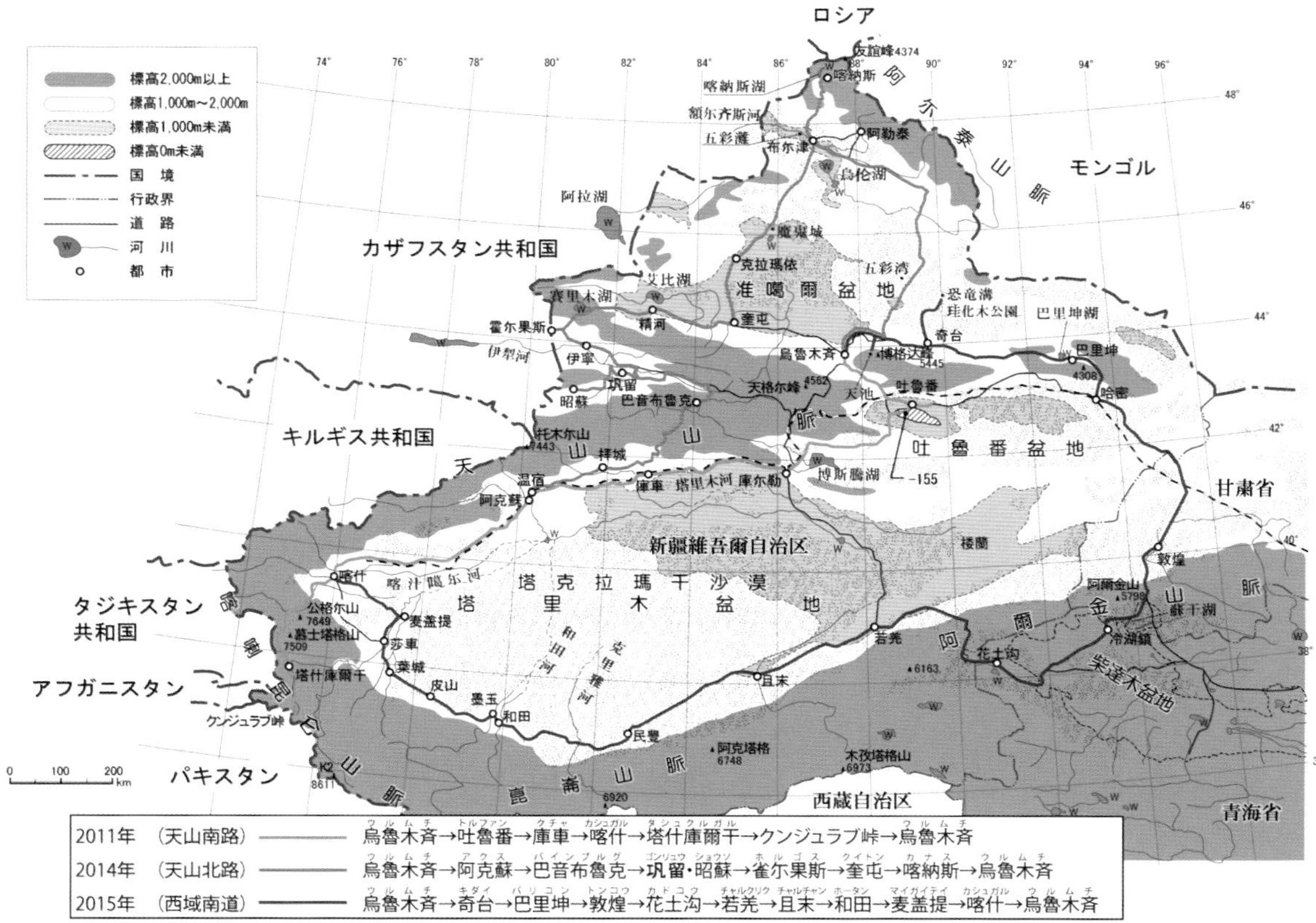

標高2,000m以上
標高1,000m～2,000m
標高1,000m未満
標高0m未満
国境
行政界
道路
河川
都市
ロシア
モンゴル
カザフスタン共和国
キルギス共和国
タジキスタン共和国
アフガニスタン
パキスタン
甘粛省
青海省
西蔵自治区
新疆維吾爾自治区
准噶爾盆地
塔克拉瑪干沙漠
塔里木盆地
吐魯番盆地
柴達木盆地
天山山脈
阿尔泰山脈
崑崙山脈
阿爾金山脈
友誼峰4374
喀納斯
喀納斯湖
額尔齐斯河
五彩灘
布尔津
阿勒泰
烏伦湖
阿拉湖
魔鬼城
克拉瑪依
五彩湾
艾比湖
賽里木湖
精河
奎屯
恐竜溝
珪化木公園
巴里坤湖
巴里坤
4308
霍尔果斯
伊寧
伊犁河
鞏留
昭蘇
巴音布魯克
烏魯木斉
博格达峰
5445
奇台
天格尔峰
4562
天池
吐魯番
哈密
−155
托木尔山
7443
拝城
温宿
阿克蘇
庫車
塔里木河
庫尔勒
博斯騰湖
楼蘭
敦煌
阿爾金山
5798
蘇干湖
冷湖鎮
喀什
喀什噶尔河
公格尔山
7649
麦蓋提
慕士塔格山
7509
莎車
塔什庫爾干
葉城
皮山
墨玉
和田
和田河
克里雅河
民豊
且末
若羌
花土沟
6163
阿克塔格
6748
木孜塔格山
6973
6920
クンジュラブ峠
K2
8611
0
100
200
km
2011年（天山南路） 烏魯木斉《ウルムチ》→吐魯番《トルファン》→庫車《クチャ》→喀什《カシュガル》→塔什庫爾干《タシュクルガル》→クンジュラブ峠→烏魯木斉《ウルムチ》
2014年（天山北路） 烏魯木斉《ウルムチ》→阿克蘇《アクス》→巴音布魯克《バインブルグ》→鞏留《ゴンリュウ》・昭蘇《ショウソ》→霍尓果斯《ホルゴス》→奎屯《クイトン》→喀納斯《カナス》→烏魯木斉《ウルムチ》
2015年（西域南道） 烏魯木斉《ウルムチ》→奇台《キダイ》→巴里坤《バリコン》→敦煌《トンコウ》→花土沟《カドコウ》→若羌《チャルクリク》→且末《チャルチャン》→和田《ホータン》→麦蓋提《マイガイテイ》→喀什《カシュガル》→烏魯木斉《ウルムチ》

第Ⅰ編

天山南路

タシュクルガン，石頭城の内城（スケッチ：今村）

段丘化した扇状地上の蘇巴什《スバシ》故城の仏塔群

砂岩の崖面に掘られた克孜尔《キジル》千仏洞（背後）と入口広場の鳩摩羅什の銅像

ロバ車で足をぶらぶらさせながら高昌故城を巡る

紅其拉甫《クンジュラブ》峠に向かう中パ公路（国道 314 号）
を通る牧牛（ヤク）の群れ（車は徐行して通る）

1　念願が叶う

私たちは2009年8月に今回の旅を計画していたが、出発の半月くらい前、新疆ウイグル自治区で漢民族とウイグル族の間で争いが起きて、旅行は中止になった。そんな悔しい思いもあり、再度挑戦の機会をうかがいつつ、夢を実現すべくカウントダウンの毎日であった。2011年7月18日の午後、新疆ウイグル自治区の和田《ホータン》で、10数人のグループが警察署を襲撃し、周辺の人々を人質にとって火を放った。駆けつけた武装警官は襲撃者14人を射殺した。その他に武装警官2人と人質2人の死者が出るという事件があって、「また中止か?」と心配したのだが、旅行社からは何の連絡もなく、飛行機は8月2日、成田を予定通りに離陸し、雄大な自然と歴史を巡る旅は始まった。

なぜ、塔克拉瑪干《タクラマカン》沙漠のシルクロードの旅にこだわったのか? 参加者の今村は旅先の風物にも興味はあったが、特に歴史に執着があり、また中家は大学時代の恩師（多田文男教授）が授業で紹介した塔克拉瑪干沙漠の講義が印象深く残っていた。上野は塔克拉瑪干沙漠そのものと、周辺の山岳地帯の地形地質の実態に触れてみたいという深い思いがあった。だが、全員が、漠としたロマンを思い描いて参加したというのが実情だろう。

塔克拉瑪干《タクラマカン》沙漠は、トルコ系ウイグル語で「入ると出れない」という意味を、中国語で音訳したものである。中国歌謡『楚辞《そじ》』(1)の『招魂《しょうこん》』に次のような一節がある。

魂よかえりなさい。西方の害は、沙漠が千里も続いている。

その雷淵に回転して入ると、身が砕けてしまっても止まることができない。

幸いにも脱することができても、その外は荒野である。

赤蟻は象のようであり、黒蜂は瓢箪のように大きい。

五穀は育たず、菅の茎を食っている。その上は焼けて人の肌を爛れさせ、水を求めても手に入れる所がない。さまよい歩いても身を片寄せて休む所もなく、広々と大きくてはてしがない。

帰りなさい。恐らく自身に害を与えるであろう。


この『招魂』は屈原《くつげん》（前343—前277？）が妬まれて王の側近をしりぞけられ自ら命を失ったのを哀れんで、楚の大夫《たいふ》宋玉《そうぎょく》（生没年不詳）が、屈原の魂を招くためにつくったといわれている。楚の国を中心に、東西南北どの方向にも安住の地はなく、楚の国にまさる場所はない。だから魂よ帰ってこいと説得した第二段の、西方を詠んだ一節である。

塔克拉瑪干《タクラマカン》沙漠のシルクロードは中国の歴史上、前漢時代の昔から、西域開拓や西域民族と中華民族との交流等のために、多くの人びとが挑んできたところだ。そこには多くの悲劇と困苦が刻まれており、中でもとりわけ有名な歴史上の記録からみると、次のような著名な人物の往来がある。
①前漢の武帝のときに大月氏国へ旅した外交使節・張騫《ちょうけん》（？—前114）
②前漢元帝のころ（前33）、匈奴《きょうど》の呼韓邪単于《こかんやぜんう》（？—前引）に公主（王女）として嫁された美女・王《おう》昭君《しょうくん》

③前１１０―前１０５年頃（漢の武帝の時代）匈奴の烏孫国《うそんこく》（新疆ウイグル地区の北部にあった）の王・昆漠《こんばく》に降嫁された武帝の兄の子の劉細君《りゅうさいくん》

④武帝の命をうけて5千人の兵を率いて匈奴征伐に出かけて、逆に囚われの身となった将軍李陵《りりょう》（？―前74）

⑤後漢の班固《はんこ》（32―92：軍人で歴史家）・班超《はんちょう》（32―１０２：軍人であり西域経営者）・班昭《はんしょう》（45―１１７：班固の妹で、班固の死後『漢書』を完成させた）兄妹の匈奴討伐

⑥後漢の終わりころ匈奴にさらわれ、左賢王《さけんおう》の妾にされ、そこで子をもうけ、その後董卓《とうたく》に救出されたものの、わが子と苦悩の別れを強いられた蔡文姫《さいぶんき》

⑦３９９年、同学の僧侶4人と完全な律を学ぶためにインドへ旅して3年間滞在し帰国後に『仏国記』（正式には『法顕伝』という）を著した法顕《ほっけん》（３９？―４２０）

⑧唐代、単独での西域・インド旅行などに赴きインドのナーランダ寺院に学び、帰国後に法相宗・倶舎宗の開祖となった玄奘三蔵《げんじょうさんぞう》（６００―６６４、６０２―６６４という説もある）

こういった新疆ウイグル自治区と関係深い歴史の1コマを飾った面々の一生を知るにつけ、彼らがどういう苦難の旅をし、どのようなところで戦い、どういった生活を強いられたかを歴史書で知るだけでなく、自分達の足でその地を踏んでみて、より深く歴史を感得したいとの思いがあり、何としても一度訪れてみたかったのである。

そればかりではない。地形・地質屋のはしくれとして、人間の歴史のみならず悠久の歴史が刻まれたタリム盆地という広大な塔克拉瑪干《タクラマカン》沙漠や、北側に横たわる天山山脈、南の崑崙《クンルン》山脈、西のカラコ

ルム山脈、「万山の祖」と言われるパミール高原（葱嶺《そうれい》）といった周辺地域の地形・地質にも興味があった。とりわけ、沙漠の中のオアシスの実態を知りたいというのも、参加者共通の思いであった。

観光は短期間の旅行であって、表面をなぞるだけだから深く知ることはかなわないが、これらの地理を実体験できるのは、歴史や地形・地質をより深く知る上で、大きなプラスになる。

私たちは、古代の最高の地理誌と言われ世界の百科事典に載る東晋時代の法顕の『仏国記』や、唐代に一人でインドを往復した玄奘の意志の強さに驚嘆し、彼が皇帝に提上した地誌『大唐西域記』や彼の紀行を詳述した『大慈恩寺三蔵法師伝』などを読み、その足跡の一端でもいいから体得できたらという想いがあった。だから、今回の旅行も自分たちの旅行ルートと玄奘のインド行(私たちの旅行ルートは玄奘のインドへの往路―いわゆる「伊吾《いご》の道」―とほぼ一致する）とを重ねての旅であり、この紀行文もその行程に合わせた形で記述した。

［注］

（1）星川清孝著（2004）『新書漢文体系23　楚辞』明治書院。

2　旅行ルート―玄奘三蔵のインド行の往路と重ねて―

今回の旅行ルートは、後で触れるように、玄奘がインドへ行った時の主たる往路（厳密には、喀什《カシュガル》には帰路に立ち寄っている）に相当する天山南路（西域北道）を通っての旅である。地域でいえば、帰路に１泊した北京以外の全行程が、新疆ウイグル自治区のなかでの私たちの旅であった。

　ウイグル地区は清朝に抵抗を続け、現在の中国のなかでは最後に（１７５９年、清の乾隆帝《けんりゅうてい》のときに）やっと清朝に編入された地域である。名皇帝といわれた康《こう》熙帝《きてい》が中国全土の地図《皇輿《こうよ》全覧図》（図１）を作った１７１７（康熙56）年、チベットとウイグル地区とは最後まで抵抗・交戦して、地図作成ができないままに全図が作成された。その後、１７６１（乾隆26）年にやっと乾隆帝によって平定され、全土の地図もできあがって中国の版図は決定されたのである。それは日本の伊能図ができる、ちょうど１００年前のことである。

［注］

（１）中国測絵科学研究院編（１９９８）『中華古地図珍品選集』哈爾浜地図出版社。

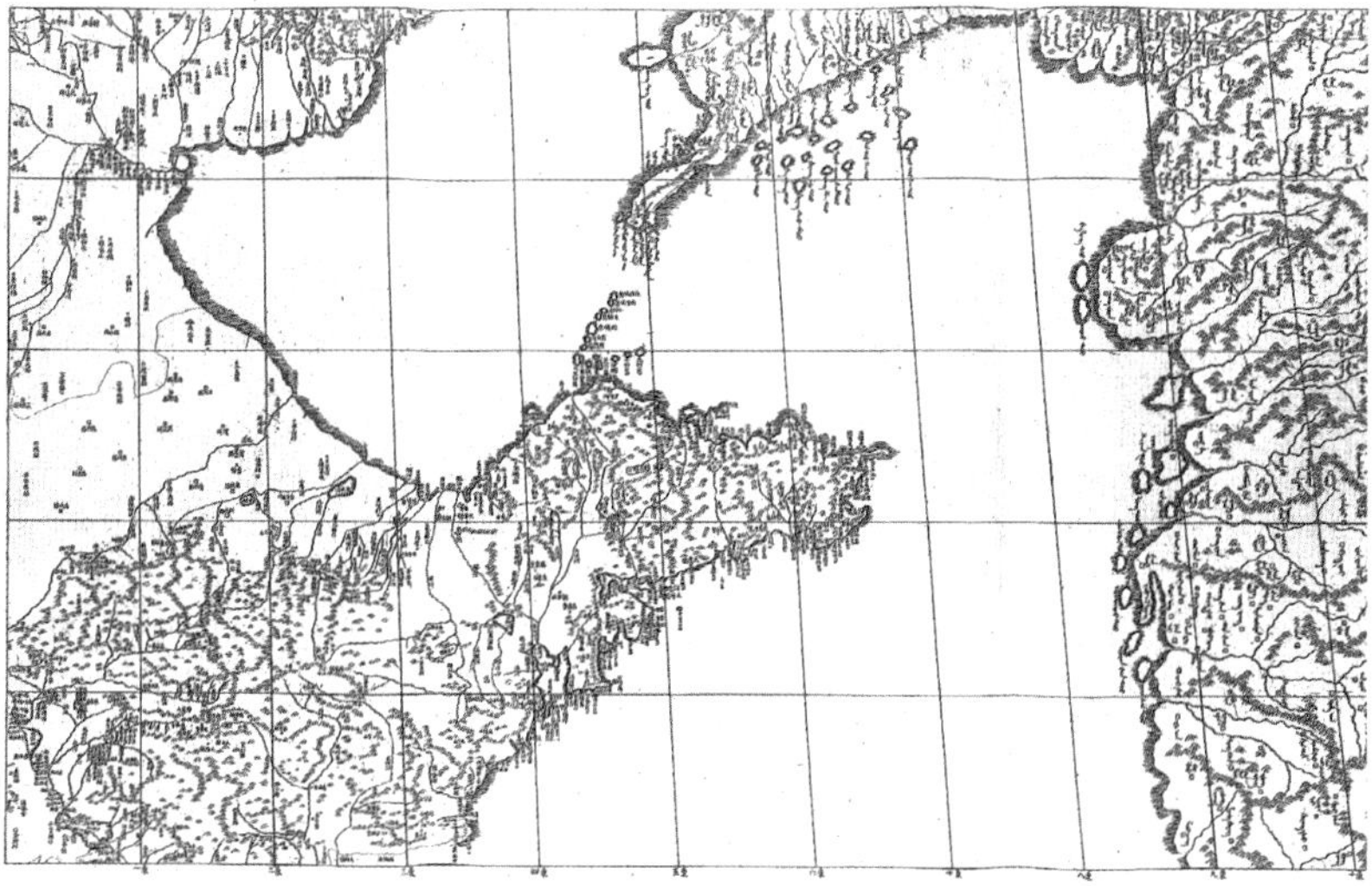

図１　皇輿全覧図（1717 年）の一部（山東半島）（中国測絵科学研究院，1998）[(1)]

3 新疆ウイグル自治区とは

「新疆」という地名は、1759年に清軍がこの地・東トルキスタンを平定したときに、「新しく国土となった土地」という意味で初めて生まれた。新疆ウイグル自治区は現在の中国の中で最大の省（自治区）で、面積は166万㎢（東西2000㎞、南北1650㎞）と日本の約4・4倍の広さがあり、広大な中国の総面積の約6分の1を占めている。

新疆ウイグル自治区は、古来中国の中心地「中原」に対して、常に「西域」の名で呼ばれてきた。この地域は「三山二盆」の地と呼ばれるように、3つの大山脈とそれに囲まれた2つの盆地から構成されており、その実態が1759年にできた「疆《きょう》」という文字に見事に表現されている（図2）。私たちはこのことを烏魯木斉から添乗した現地ガイドの李永さんから詳しく聞いて、さすがに漢字の国だと感動したものだ。

まず、右側のつくりの方で、最上部の「一」は阿尔泰《アルタイ》山脈、中間のそれは天山山脈、最下部は崑崙《クンルン》山脈を表しており、一に挟まれた上の「田」は田畑となる土地の准《ジュン》喝尔《ガル》盆地（日本全土とほぼ同じ38万㎢あり、古尔班通古特《グルバンチュンギュト》沙漠を含む）、下側の「田」は塔里木《タリム》盆地（日本の1・4倍あり、塔克拉瑪干《タクラマカン》沙漠を含む）を示す。左側の「弓」

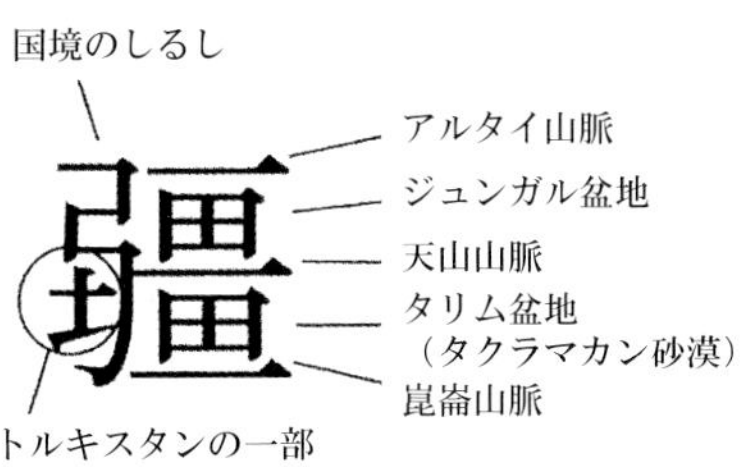

図2 「疆」の意味するもの

偏は国境線をあらわし、弓の中にある「土」は国境より外側のロシアに割譲した西トルキスタンの一部を示す。崑崙山脈の西端は、カラコルム山脈、さらにはパミール高原（葱嶺）へとつづいている。

4　天山南路の自然

♣天山山脈・崑崙山脈の地形・地質と氷河

世界の屋根といわれるパミール高原から北東方向へ天山《テンシャン》山脈が延び、東方向へ崑崙《クンルン》山脈、南東方向へカラコルム山脈と、さらにヒマラヤ山脈が延びている。山脈はいずれも大規模で、延長は５００～２５００㎞と長く、海抜高度も高くて、最高峰は７０００～８０００ｍを超える。パミール高原や崑崙山脈、カラコルム山脈、ヒマラヤ山脈などはアルプス・ヒマラヤ造山帯の新期造山帯と考えられており、地殻変動が活発な地域で地震も多い。

一方、天山山脈は古期造山帯が新期造山帯とともに再活動したものといわれ、複雑な地質構造がみられる。これらの山脈やその間に広がるチベット（西蔵）高原や塔里木《タリム》盆地などを含めて、その地質構造の成因をプレートテクトニクス理論では、ユーラシア大陸へのインド亜大陸の衝突やアイソスタシー現象[1]で説明している（図３）。

崑崙山脈と天山山脈の間には広大な塔里木《タリム》盆地（ウイグル語で「河川の合流」の意味）がひろがっており、東西約１５００㎞、南北約６００㎞、面積は53万㎢と日本の1・4倍である。盆地は両山脈に挟まれていること、海から遠く離れていることなどの諸条件のため、年降水量25～40㎜と著しく乾燥している。新疆ウイグル自治区地質鉱産局が作成した地質図を旅行ルートに沿って簡略化して示す(図4)。

塔里木《タリム》盆地から両山脈へ向かう場合、崑崙山脈では前縁部に台地や丘陵、低い山地などが少しあるが、一気に海抜高度が増して山脈の主部になっていく。山脈を侵食する河川が山麓部に形成する扇状地は極めて広大である。一方、天山山脈では前縁部に間隔をおいて1～4列の丘陵や小山脈があり、それらのあいだの低地に小盆地や扇状地、湖沼などが分布している。

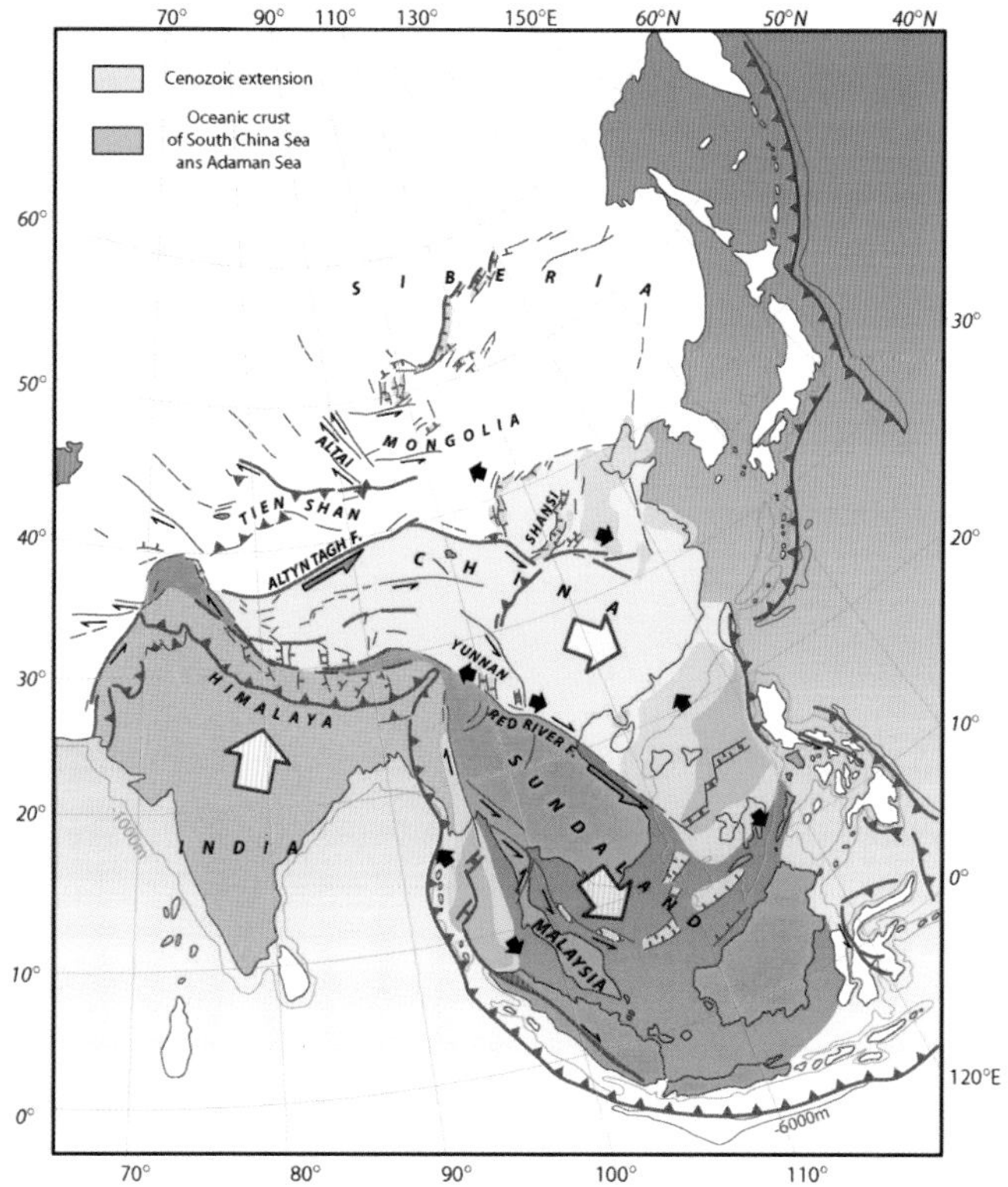

図3　インド亜大陸の衝突（Tappnnier ほか，1986）[2]

小山脈は褶曲や断層活動により形成されたものである。

崑崙山脈や天山山脈には氷河が発達し、偏西風や季節風による降水があるため、両山脈は水の供給地域となり、河川や伏流水となって塔里木《タリム》盆地へ流れ下って、地下水を涵養している。両山脈での氷河や河川の侵食作用は活発で、植生による保水機能がないこともあり、莫大な量の砂礫を山麓に運搬・堆積し、山麓に広大な複合扇状地群や河成段丘を形成している。

山脈から流れ下った中小河川はしばらくすると地下へ伏流し、地表はワジ（水無川）になる。崑崙山脈に水源をもつ喀拉喀什《カラカシ》河（崑崙山脈を塔里木盆地へ北流）や叶尓《ヤル》羌《カンド》河（塔里木河の上流）などの大河川は、塔里木盆地の北縁部に達して塔里木河となり、同盆地の東部まで流れる。これは新生代における隆起量が大きい崑崙山脈の影響で、塔里木盆地の南部のほうが高くなったためと考

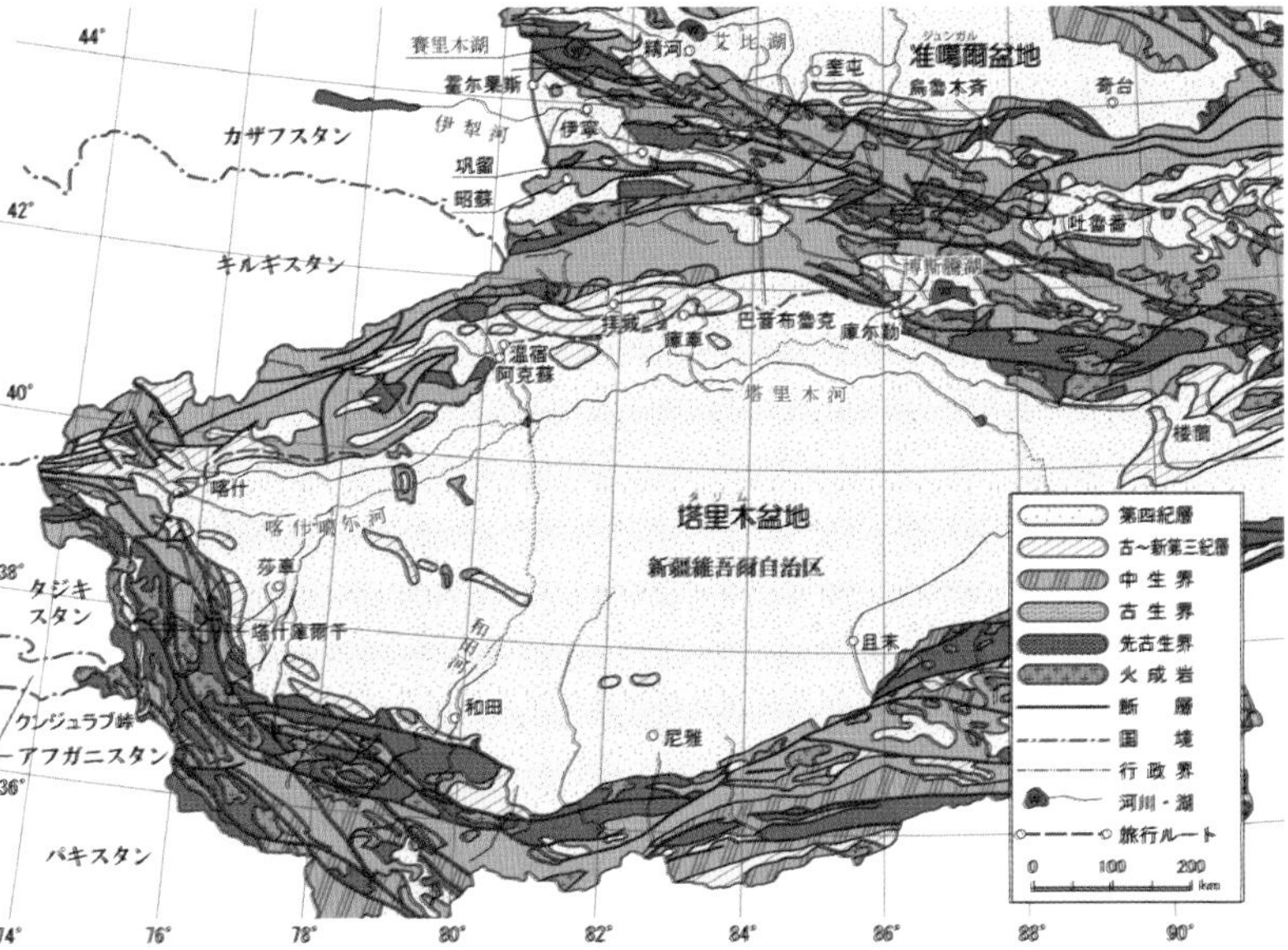

図4　天山南路周辺の地質図

中国地質科学研究院（1980）[(3)] および廖克（2007）[(4)] から編集.

えられる。大河川沿いや地下水を獲得できる地域や湖岸地域にはオアシス都市や耕地が分布しており、古代には、これらの地域を結んで、シルクロードの西域南道（漢南路）や天山南路（漠北路）が開かれた。

パミール高原と崑崙山脈の接点付近を水源とする蓋孜河《ガイス》は、崑崙山脈西部（西崑崙山脈）を横断する横谷で、崑崙山脈の隆起に抗して山脈を侵食する河川である。今回の旅は喀什《カシュガル》以南・以西地域はこの蓋孜河沿いにパキスタン国境までいたるルートで、専用バスの車窓からは、公格尔《コングール》（７６４９ｍ）、慕士塔格《ムスタグアタ》（７５０９ｍ）、アドエラッグ（６６８８ｍ）の３山が見える。

蓋孜河は図５に示すように、慕士塔格《ムスタグアタ》の北面や公格尔《コングール》南面の氷河の融水を集め、緩やかな高原面を構造線に沿って北西に流下し、公格尔山塊とアドエラック山塊の間を東西方向に峡谷をなして流下し、その後、北流して塔里木盆地へと至る。峡谷の始まる蓋孜河の標高は２４００ｍ、高原面の高度３４００ｍである。バスはこの間約30㎞の距離を比高１０００ｍで通過する。渓床は急勾配で河岸には段丘の発達が悪い特徴を示している。厚い砂礫層からなる段丘堆積物がみられるのは、蓋孜河下流の奥依塔克《オイタック》河との合流付近より下流で

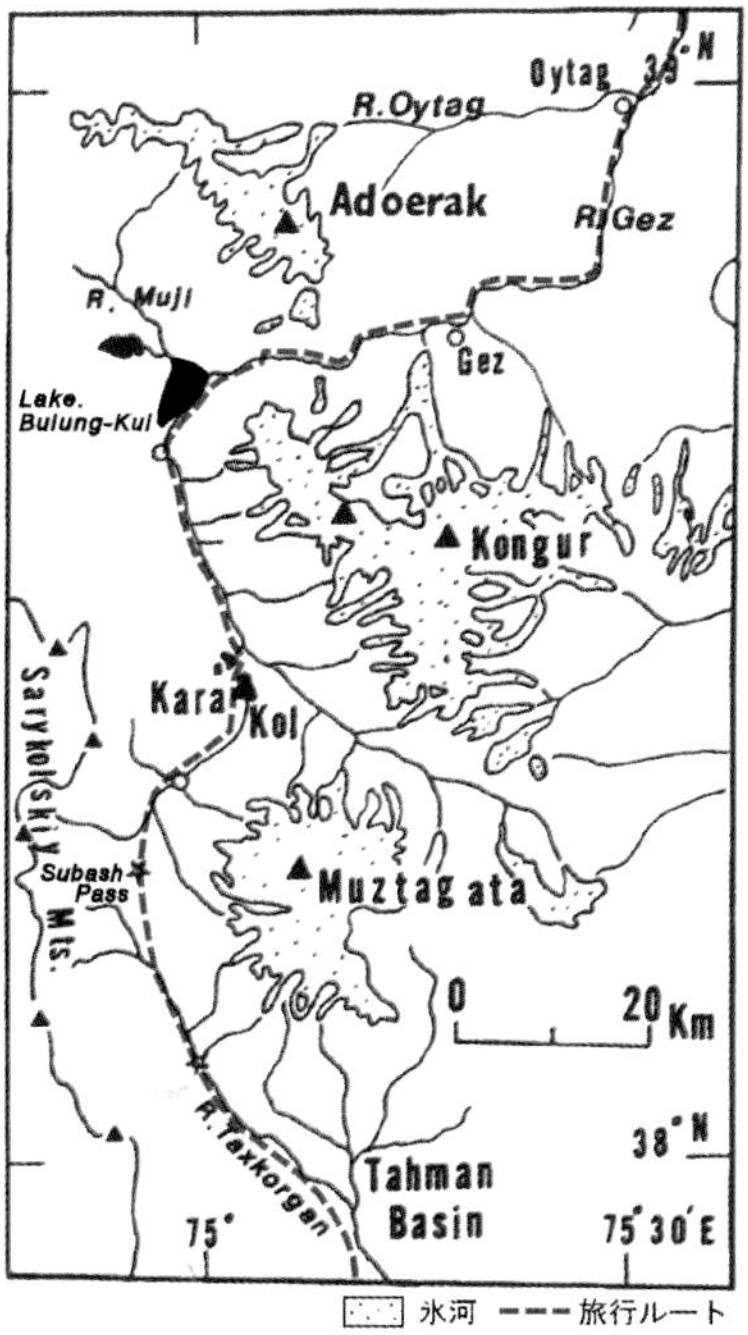

図５　蓋孜河流域に分布する現在の氷河と旅行ルート
小野有五ほか（1997）[5] に加筆.

ある。谷や川はこうして莫大な量の砂礫を下流側の塔里木盆地へ運び、周辺に広大な扇状地群や河成段丘群を形成した後、叶尔羌《ヤルカンド》河へと合流する。

蓋孜河流域に分布する現在の氷河は図5に示すように、慕士塔格《ムスタグアタ》山塊、公格尔《コングール》山塊、アドエラック山塊の3つに分かれている。慕士塔格は典型的なドーム状の山塊で、アイスキャップ型の氷河に覆われており、氷舌は短く、いずれもなだらかな高原状を呈して流れ下り終わっている。他方、公格尔とアドエラック両山塊は、慕士塔格に比べると著しく開析されており、谷氷河が多いのが特徴的である。

♣塔克拉瑪干《タクラマカン》沙漠

塔克拉瑪干沙漠は、天山山脈と崑崙山脈の間に位置する塔里木《タリム》盆地に広大な面積（32・4万㎢）の砂沙漠である。塔里木盆地の外縁部の天山山脈の前山や山麓は、扇状地群や扇状地性ゴビ（礫沙漠・砂礫沙漠）が、砂沙漠を取り囲むように塔里木盆地一帯に広がる。このゴビを含めた沙漠の面積は50万㎢を超える。塔里木盆地の北方の砂沙漠とゴビ砂漠の境界は、東流する喀什《カシュガル》河、叶尔羌《ヤルカンド》河、塔里木河である。南疆鉄路や国道314号線などは、こうした砂沙漠を避けるように、ゴビ沙漠や扇状地帯に敷設されている。

天山山脈の前山に近づくと軟岩（固結度の弱い岩石）が卓越風の風食により形成されたヤルダン地形（庫車《クチャ》から克孜尔《キジル》千仏洞に至る道路周辺で見られる）が、奇怪な様相で広大に広がっているのが特徴的である。天山南路の旅は、こうした天山山脈山麓を、沙漠を避けるように整備された国道を、ひたすらオアシスを結んで西へと進むものであった。私たちの専用バスの車窓から眺める風景は荒涼としたゴビ灘《タン》であり、生物の吐息を全く感じさせない死の世界を彷彿させる。そうした風景を眺めていると、かつて玄奘三蔵がタクラマカン沙漠を、経典を求めて旅した様子を書き記した『大唐西域記』の一頁が思い起こされる。

天山山脈周辺の地形・地質は現地で直接知ることができたが、塔克拉瑪干沙漠は広大で、とても全容を現地で実感することはできなかった。今回は、初めてのシルクロードの旅であり、玄奘三蔵の足跡を辿ることが主目的であり、沙漠公路（沙漠横断ハイウェー）に足を踏み入れて、塔克拉瑪干沙漠を横断してその内側を訪れることはできなかった（図6）。

帰国後、塔克拉瑪干沙漠の地形発達史について文献・資料をあたっていたら、以下のような知見を示した資料があったので、引用して紹介する。(6)

塔克拉瑪干沙漠沙漠の特徴は、ドラー（Draa）と呼ばれる縦列砂丘（linear dune ,lonngitudial dune）が沙漠全体に卓越して分布していることである（図7）。ドラーは、塔克拉瑪干沙漠沙漠の東部では、比高１００ｍ前後、長さ数十kmから数百kmにも及び、幅1～2km位の砂丘間凹地を挟んで卓越風向に沿って並んで発達しており、ドラーが長く伸びる方向が、風の卓越方向を示している。砂丘堆積物の内部の風紋の痕跡の方向を調べることによっても風向を確認することができるが、ドラーの外観は、衛星画像など広域的なものでないと確認できそうもない。

図6　沙漠公路を縦断する大型トラック（左）と荒涼としたゴビ灘（右）（観光パンフレットより）

ドラーを構成する基底堆積物の年代はウルム最終氷期後期（約1万7千〜8千年前）を示していることから、その形成は最終氷期の後期から末期に乾燥した環境下で洪水堆積物がもたらされ、強い卓越風の下でドラー砂丘群が形成されたものと推定されている。[6] 現在、沙漠に広がるバルハン型砂丘などは、ドラーの表層移動砂丘として形成されているものであり、ドラー間の凹地にも様々な砂丘地形を成している。塔克拉瑪干沙漠での卓越風は沙漠の東部から中央にかけては北北東—北東であり、西部から西南部にかけては西—北西で、砂丘列の方向も当然同一である。図には卓越風が模式化して示されている。

♣天山山脈山麓の扇状地

天山南路は、天山山脈前山に発達する扇状地群や、山脈の軟岩を風磨させたヤルダン地形を横断してのルートである。なお、ヤルダン地形については6章で紹介する。

天山山脈から崑崙山脈の山麓には、形成時代を異にした、大小の扇状地群が広域に発達している。古い扇状地は段丘化しており、いずれも表面は植生を欠き沙漠化している。

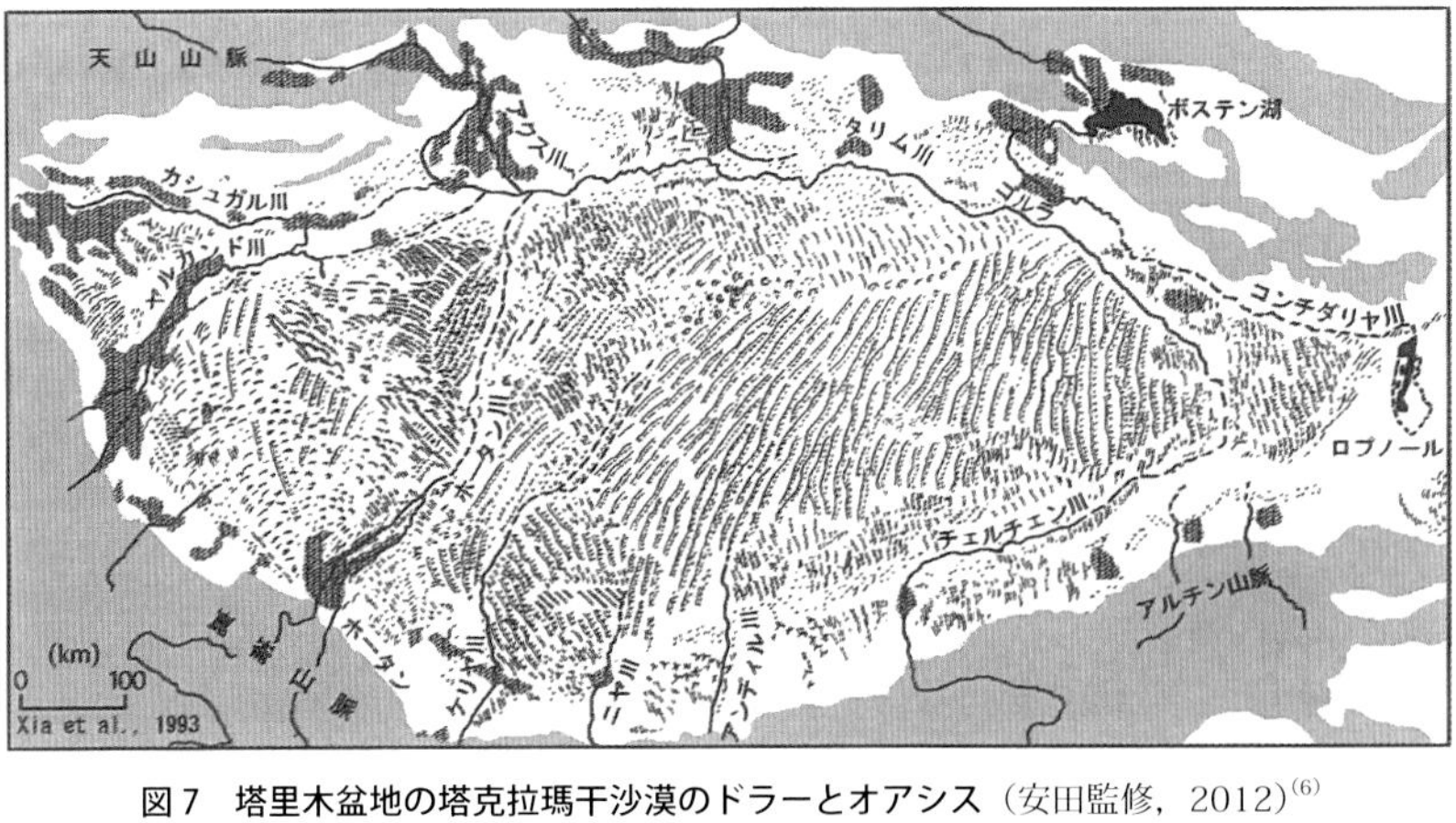

図7　塔里木盆地の塔克拉瑪干沙漠のドラーとオアシス（安田監修，2012）[6]
オアシスは濃い網の部分.

図8に示すように、大きな扇状地の下位には数多くの小さな扇状地が幾重にも重なり合っている。北の天山山脈山麓から塔里木盆地の塔克拉瑪干沙漠までの土砂移動を一連の系としてマクロに見ると、次のようになろう。

a．天山山脈の隆起と、それに伴う山体侵食と崖錐（急斜面から落下した岩屑が下方に積み重なってできた斜面）の形成

b．aとほとんど同時に始まった最高位の扇状地形成

c．天山山脈の相対的な沈降側への扇状地の拡大（天山山脈の隆起のたびに起こる）

d．結果的に4段ほどの扇状地面の形成

e．塔里木盆地の相対的な沈降と、扇状地からの土砂の流水による再移動

f．eに加えて、塔里木盆地への砂の風による流送と砂丘形成

天山山脈でこの事実を見たとき、以前チベットで見

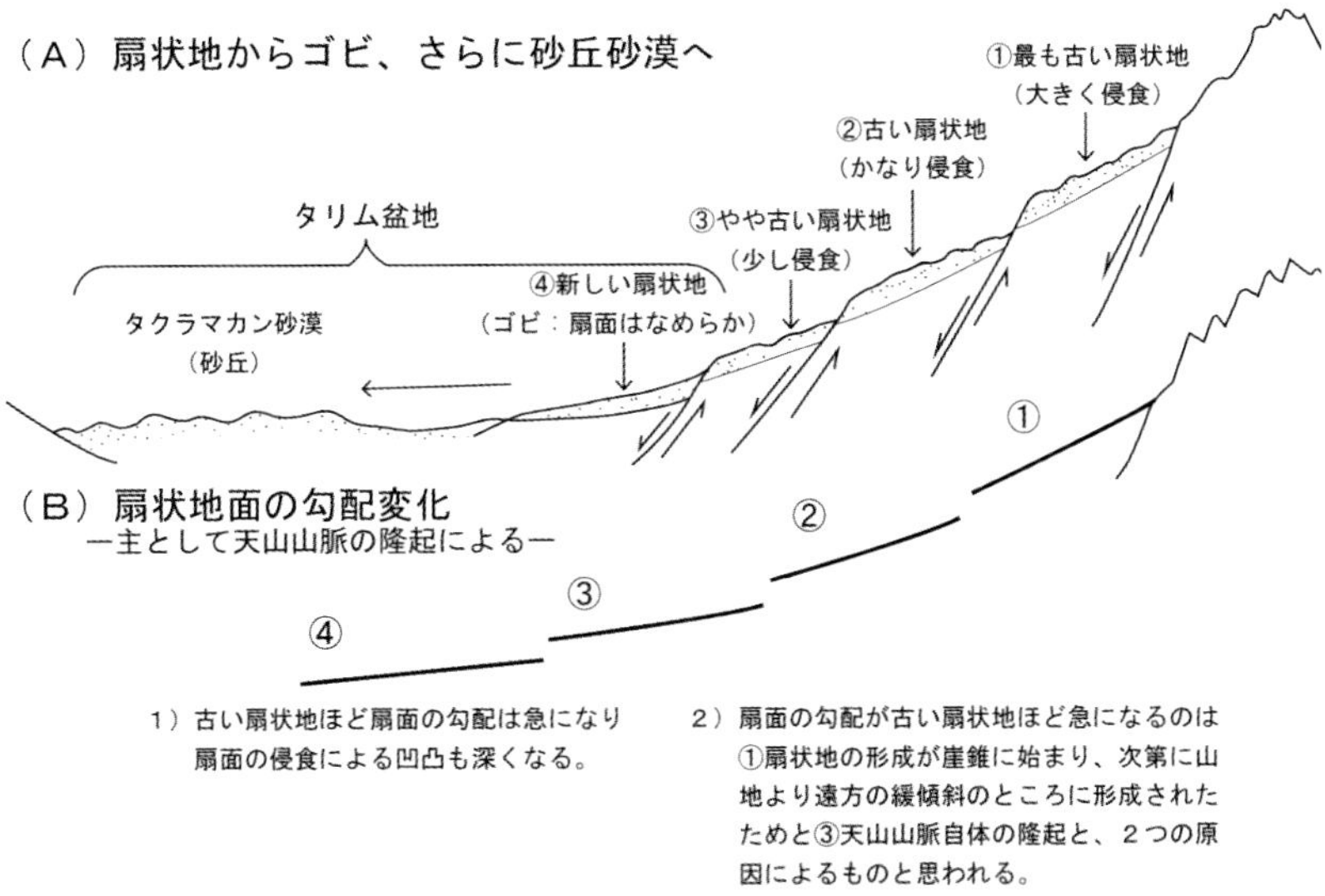
（A）扇状地からゴビ、さらに砂丘砂漠へ
①最も古い扇状地
（大きく侵食）
②古い扇状地
（かなり侵食）
③やや古い扇状地
（少し侵食）
④新しい扇状地
（ゴビ：扇面はなめらか）
タリム盆地
タクラマカン砂漠
（砂丘）
①
（B）扇状地面の勾配変化
ー主として天山山脈の隆起によるー
②
③
④
1）古い扇状地ほど扇面の勾配は急になり
扇面の侵食による凹凸も深くなる。
2）扇面の勾配が古い扇状地ほど急になるのは
①扇状地の形成が崖錐に始まり、次第に山
地より遠方の緩傾斜のところに形成された
ためと③天山山脈自体の隆起と、2つの原
因によるものと思われる。

図8　天山山脈山麓における扇状地形成の模式図（今村原図）

た扇状地形成の事実を再検討できて感動した。その場所のラフなスケッチを示すと図9のようになり、それを表層地質の形で表すと図10のようになろう。手前の新しい赤くて緩傾斜の扇状地が、奥の高くて赤い地層の山に通じる渓流から流出した土砂でできているのに対し、それより奥にあるやや急勾配の古い扇状地は、手前にある黄白色の山地が侵食され黄色土砂となって流出して堆積したものである。

　このことは、以下の①〜③のプロセスで形成されたことを示している。

①侵食の初期段階では、侵食された土砂は山体斜面に崖錐（崖の脚部につくられる堆積地形、傾斜35度程度）またはそれに近い急勾配の扇状地（沖積錐と呼ばれる土石流による堆積地形）をなして分布している。

②山腹侵食は手前から次第に奥へと進んで、やや勾配の大きい旧い扇状地を形成する。

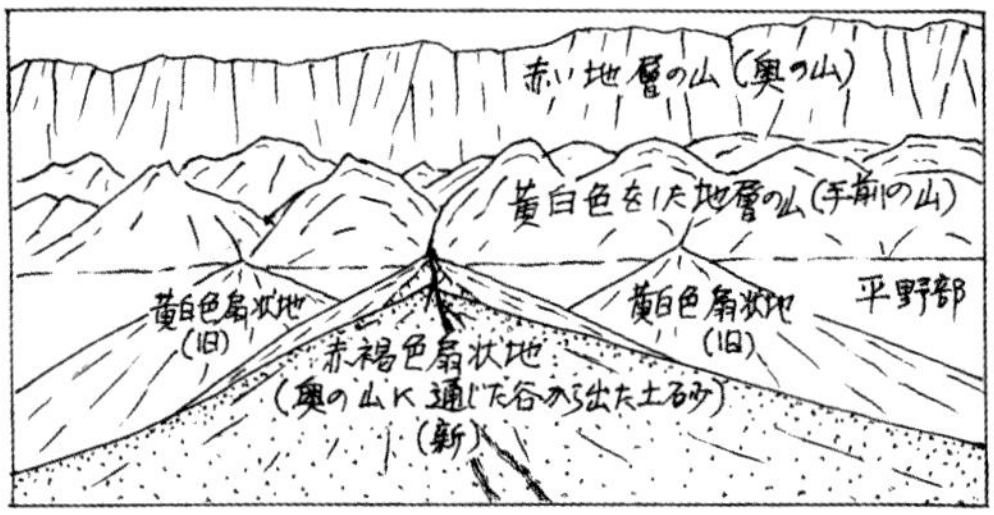

図9　赤褐色の新しい扇状地（新：勾配緩い）の模式スケッチ

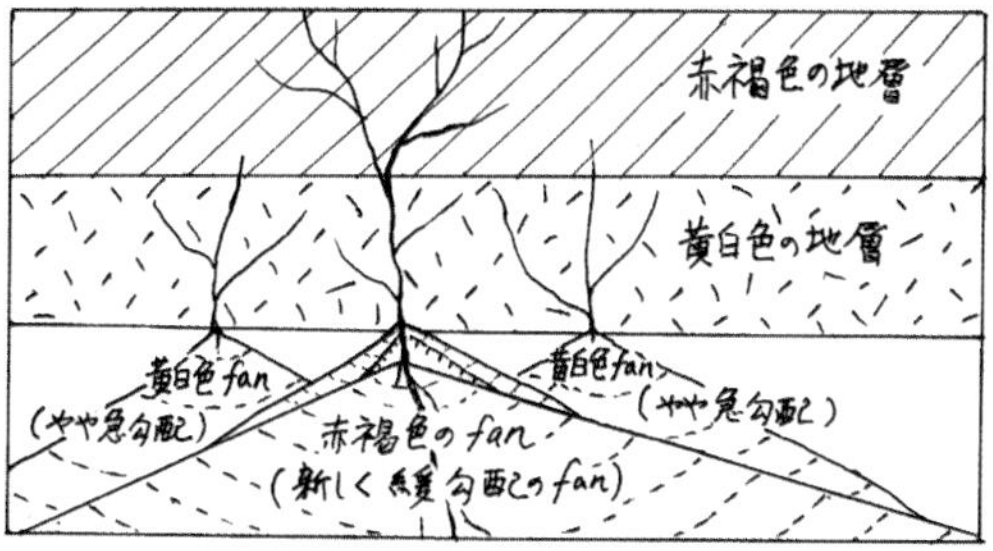

図10　スケッチの表層地質図的表現と黄褐色の扇状地（旧：勾配やや急）

③さらに流域の侵食が進むと、侵食域が広がり、渓流奥の山地の赤い地層にも及んで、前に形成された扇状地を被って勾配のやや緩い広くて新しい扇状地を形成する。

しかも図9のスケッチでわかるように、奥の赤褐色の地層よりも手前の黄白色の山地列が低いレベルの定高性を示すことは、これら両者間に断層があって、奥の山地が相対的に隆起したことを示している。

これらはバスの車窓から観察したことだから、詳細は現地調査で明らかにすべきことであることは論をまたない。とくに新藤（1999）[7]が指摘しているとおり、地形形成プロセスにおいて、逆方向に働く融氷・融雪作用と風の作用が時系列上どのように折り込まれたか明らかにする必要もあろう。

［注］

（1）アイソスタシー：地殻はそれより密度の大きい〈液体状物質〉の上に浮かび、地殻上の大きな凹凸は浮力で支えられて、静学的なつり合い状態にあるという考え。

（2）Tapponnier, P. *et al.* (1986) On the mechanics of the collision between India and Asia. *Geological Society, Special Publ.*, 19, pp.115-157.

（3）中国地質科学研究院／佐藤信次訳（1980）『中華人民共和国地質図集』築地書館。

（4）廖克（2007）『中国地質図（600万分の1）』中国地図出版社（中国語）。

（5）小野有五・溜大力・元杰（1997）「西クンルン山脈北麓の氷河変動からみたチベット高原の古環境」地学雑誌106―2。

（6）安田喜憲監修、帯谷知可・北川誠一・相馬秀廣編（2012）『朝倉地理講座　大地の人間の物語5　中央アジア』朝倉書店。

図11　天山山脈山麓に発達する扇状地（段丘化している）

（7）新藤静夫（1999）「天山山脈山麓部に発達する扇状地の成因に関する一考察」東京大学空間情報科学研究センターシンポジウム「水文地形学の空間的多様性」資料。

5　烏魯木斉《ウルムチ》から吐魯番《トルファン》へ

♣シルクロード旅行の起点・烏魯木斉

628（貞観2）年の秋8月、玄奘三蔵は、インドへ出発しようと決意した。その夜、吉兆のある夢を見たので、意を強くして西安を出発した。26歳の若い盛りの頃のことである。朝廷の許可を得ないでの出国のため、昼間は寝て夜歩くことにした。彼がシルクロードの入口・敦煌に至るまでのルートは図12のとおりである。同図の左上の、伊吾国を過ぎて高昌国に入ったあとが、私たちの旅のルートと重なってくる。

私たちは2011年8月2日、羽田を9時15分発のJAL023便で発ち、3時間後の13時20分に北京空港に到着（北京時間：時差は1時間）。空港の外へ出ることなくそのまま空港内で待機し、エンジントラブルで予定より2時間遅れの午後9時40分に北京を発ち、4時間後、真夜中の8月3日1時20分に烏魯木斉に着いた。その夜は烏魯木斉の「海徳酒店」泊まりだ。玄奘の旅は長安から始まったが（図12）、私たちの実質の旅行は新疆の烏魯木斉から専用バスを使って始まった。真夜中に着いたのは、夜の旅行をつづけた玄奘に似ていないでもない。

烏魯木斉は、清代に乾隆帝が1759年に新疆地域を平定したあと建てられた街である。読者はどういうイメージを描かれるだろうか。私たちはそれまで、沙漠の中にこんもりと森が茂る田舎町をイメージしていた。ところが朝起きてホテルの周辺を見ると、東京の新宿のど真ん中にいるような錯覚を覚えた。高層ビルが立ち並ぶ新宿規模の街なのである。街中を細かく散策する時間はなかったものの、周辺遺跡への行き帰りにバスの車窓から見る街の大きさに、ただただイメージとまったく違うのに驚いた（図13）。

♣「楼蘭《ローラン》の美女」に逢う

8月3日、烏魯木斉《ウルムチ》のホテル「海徳酒店」を9時半に出て、まず、最初に見学したのは「新疆ウイグル自治区博物館」だ。なかなかスマートで現代的な外観の博物館で（図14）、その前でまず記念撮影をした。

余談ではあるが、ふつう博物館には民族・歴史や故事来歴を説明するパンフ類があるはずだが、それがどこにもない。せいぜい入場券の裏に紹介文が書いてある程度である。これは、今回の旅全体にいえることである。政府・文物管理局が作ったパンフレット類はあるが、一様に漢族＝中華思想の歴史観に貫か

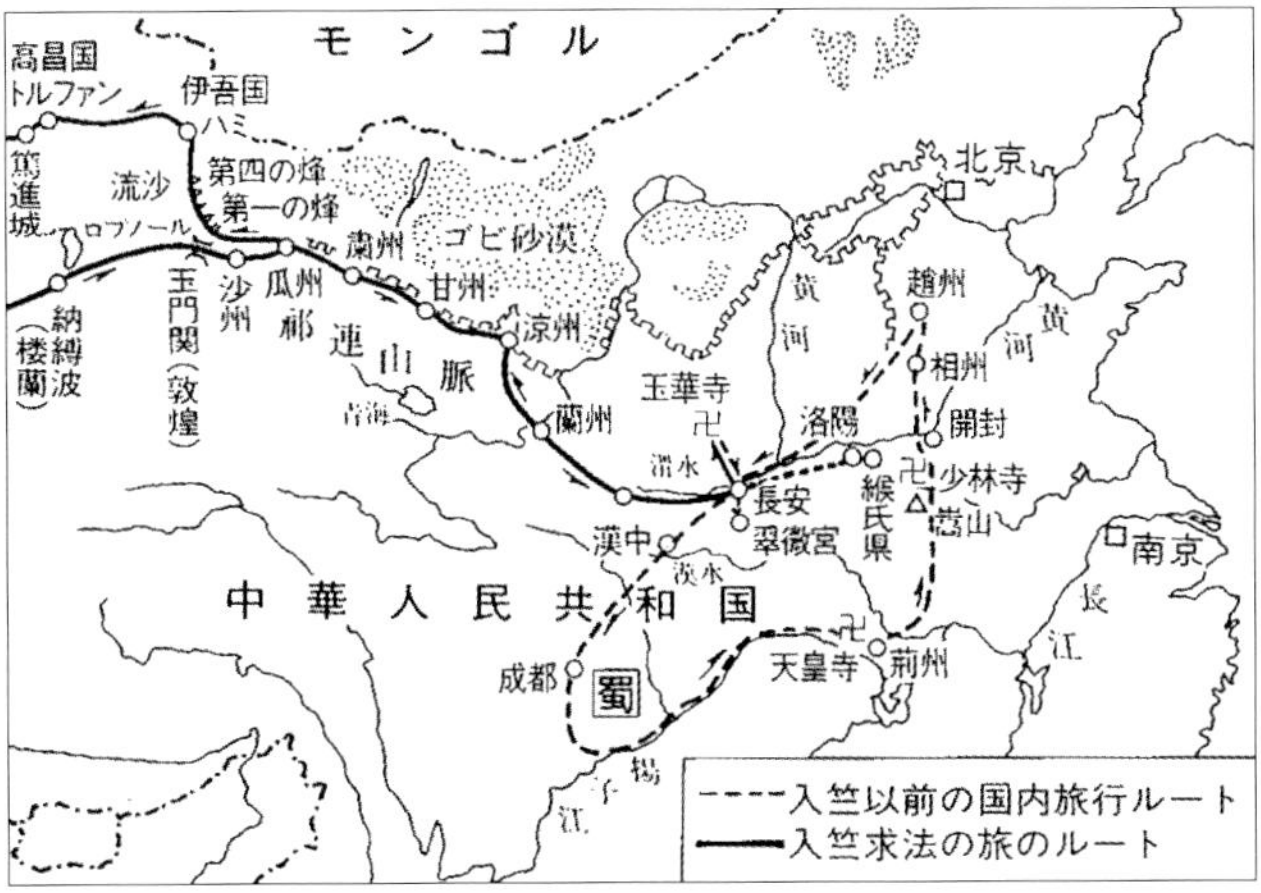

図12　玄奘の敦煌に至るまでの旅行ルート図（慧立ほか，1998）[1]

れていて、歴史的事実と違うものも多く、シルクロードの歴史をたどるうえではあまり参考にはならない。

ここで私たちが一番見たかったのは、発掘時に新聞でも話題になったミイラの「楼蘭の美女」（図16）だ。館内を案内してくれたのは馬麗君《まれいくん》という30歳くらいの女性であった。ところで、彼女の説明によると、「楼蘭の美女」は塔克拉瑪《タクラマ》干《カン》砂漠の東部中央にある楼蘭（かつて前77年に漢に占領されるまで都市国家の「楼蘭国」があった。17世紀後半にはチベット勢力が進出）の鉄板河遺跡で発見されたという。

このミイラは、中国新疆文物考古研究所の穆舜英《ぼくしゅんえい》女史らのグループによって発見され、炭素^{14}C法による年代測定によると、約３８８０年前に亡くなったらしい。だから中国の時代でいえば三皇・五帝の時代（神話の時代だが、考古学的には陝西龍山文化時代）ということになる。発見時にはミイラは全身が毛布でくるまれていて、毛布は彼女の胸のところで木の針で止められていた。頭には帽子をかぶり、帽子には雁の羽根飾りが２本差してあり、副葬品のウールの袋（ポシェット）には木の櫛が入っていたそうだ。顔の表面には草で編んだ〝顔おおい〟をつけられていた。毛布を拡げると上半身は裸で、下半身には羊の皮の下着を着け、鹿の皮で作った靴を履いていたという。

顔は発掘後の防腐剤の処理によって黒っぽく変化してはいるが、発掘当時に

図 13　烏魯木斉の人民広場と高層ビル群

図 14　新疆ウイグル自治区博物館

は自然色で、その美貌に皆驚いたという。発掘したグループの男性の中には、彼女の美貌に淡い恋心を抱いた者もいたかもしれない。彼女の身長は１５２㎝で、考証の結果、生前は１５７㎝ほどあったらしい。血液型はＯ型で、死亡したときの推定年齢は45歳くらいだという。自然にできたミイラで、内臓も入っていたそうだ（エジプトのミイラは内臓を抜いて防腐加工を施している）。

要は、南ロシアから南下してきた白人系の人種と考えられ、眼窩は深く、鼻は高い。髪は黄褐色で確かにヨーロッパ系の人種の顔である。現代の目でみると「美女」であったようだ。すぐ横には、日本の山本輝也画伯による復元図（図17）が掲げられているが、ミイラの顔と見比べてみると、年齢といい顔形といい実によく復元されているのに驚く。ミイラの横には椅子に腰かけた復元像も展示されている。

博物館には「楼蘭の美女」のほかにも数体のミイラが展示されている。「美女」のほかで印象に残るのは４、５歳くらいの子供のミイラ（図18）だ。ドンゴロスのような目の粗い衣類にくるまれているが、露出している顔（目をつぶっている）がかわいい。やはり３０００年くらい前のものらしい。乾燥した沙漠地帯のため、特に防腐剤による処理をしないで埋葬しても、自然にミイラ化してしまうようだ。ということは、まだ多くの人びとのミイラがタリム盆地の地中には眠っているということであろう。

図 17　山本輝也画伯による「楼蘭の美女」の復元図

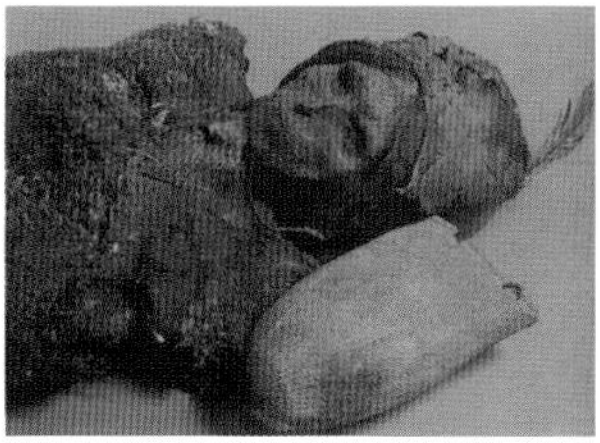

図 16「楼蘭の美女」のミイラ（部分）（図 16・17 とも http://inoues.net/china/silkload5_1.html）

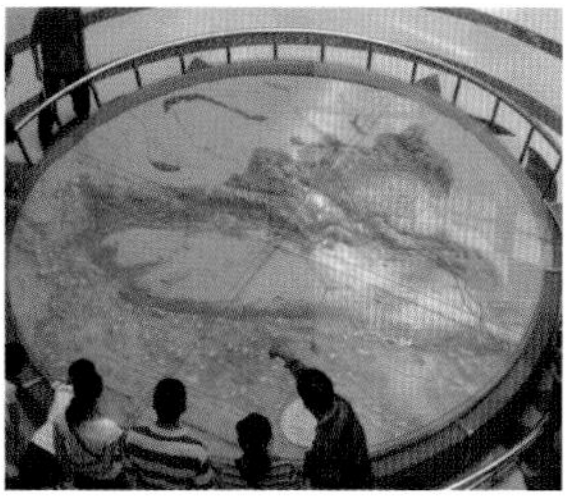

図 15　博物館 2 階から見下ろす塔克拉瑪干沙漠のパノラマ

これらミイラを包んでいた衣類を見るといずれも目の粗いもので、３０００年前のこの地域で身につけていた衣類は、中国の絹織物のように目の細かい衣類はなかったか、高級なため埋葬用には使われなかったのかも知れない。

♣天山山脈を越えて塔克拉瑪干《タクラマカン》沙漠の吐魯番《トルファン》へ

烏魯木斉は准噶尔《ジュンガル》盆地南端の扇状地にある。中心市街地の標高は８２０ｍである。８月３日、烏魯木斉から天山山脈の低い谷部を越えて吐魯番《トルファン》へ向かう。市街地を出て緩やかな勾配で標高１１００ｍの高原まで登ると沙漠地帯となり、車窓の両側に見える山麓には多くの扇状地群が見え、周囲18㎞程度の塩湖や埋積の進んだ白色の塩湖跡などを望むことができる。谷間では風力発電が盛んで、発電用風車が無数林立する。高原地帯から吐魯番盆地へと向かう途中の山岳地帯はわずか15分間で通過し、一気に５００ｍほど下っていく。道路の両側には、古生代石炭紀の砂岩や頁岩《けつ》からなる急斜面が続く。道路の落石対策は、道路脇のやや大きな溝で受け止めるようになっている（図19）。

吐魯番盆地（図20）は南北幅60㎞、延長２５０㎞と東西に細長く発達している。盆地中南部には、死海に次いで世界第2位の低標高湖の汶丁《アイディン》湖（中国最低標高マイナス１５４ｍ）がある。

盆地の北縁と西縁は標高２０００～５０００ｍの天山山脈の主脈に接し、東

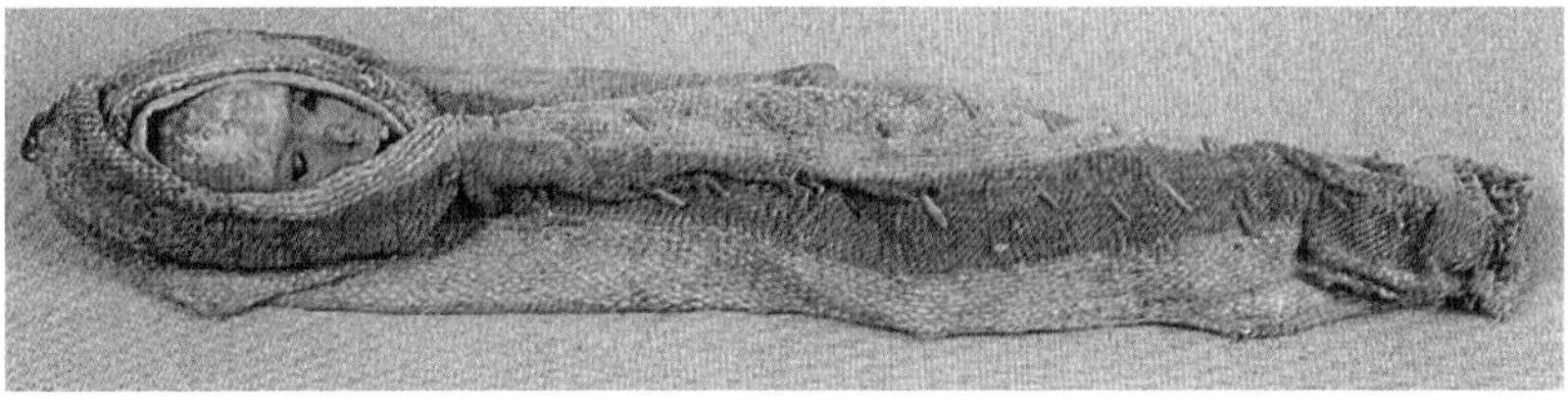

図 18　5 歳の子供のミイラ

縁は低地を埋積した風成の礫や砂からなる庫木《ムク》塔格《ダク》沙漠（ダクはウイグル語で山の意）に被覆され、南縁は高低差７００～８００ｍの構造性急傾斜面を介して覚羅《カクラ》塔格の高原と境している。

吐魯番市街地の東方に、礫平原面から突出して火焔《かえん》山（８５１ｍ）がある。火焔山体は標高３００～６００ｍの山地で、西北西―東南東に延び、両側の吐魯番盆地と北側の扇状地（南北20㎞、東西１７０㎞）を区分している。南盆地は南北40

図 19　山岳道路の状況と落石対策

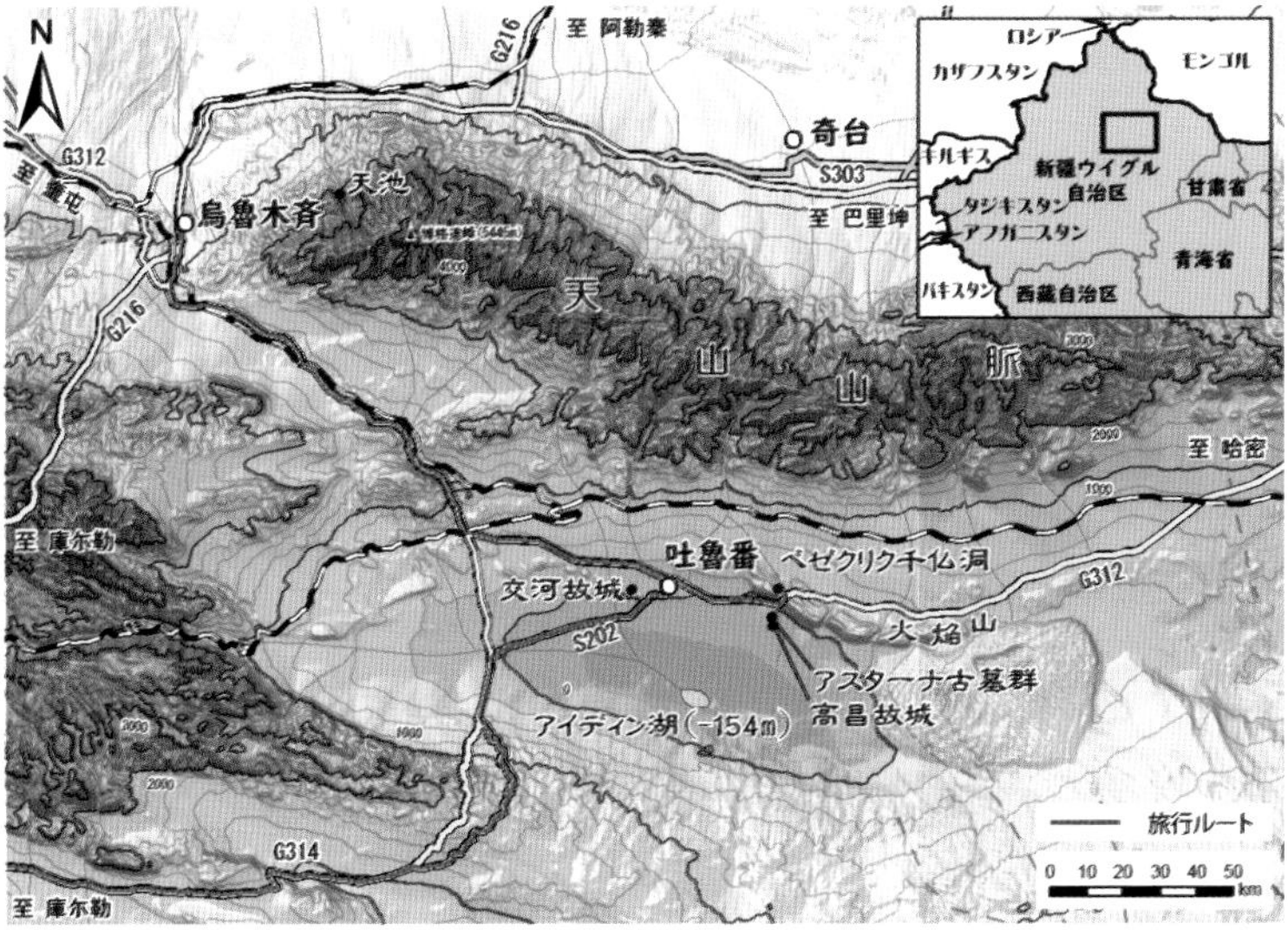

図 20　吐魯番盆地周辺の地形図

km、東西１８０kmで扇央～扇端が沈降し、中央部から東部の大部分は標高０ｍの低地帯である（図20）。火焔山体の麓は油田地帯であり、多くの油井が稼働している。また、カレーズ（地下水路）の掘削土の小山（後掲図59）があちこちで見られる。

柏孜克里克《ベゼクリク》千仏洞は火焔山を横断した北側にあり、その横断区間では、砂岩層主体のダイナミックな褶曲による背斜構造を望むことができる（図21、22）。また、数段の河成段丘が発達することから、この山地が活発に隆起していることを知ることができる（図23）。

なお、吐魯番市街地（オアシス）は扇状地の扇端部に位置し、用水確保のために1千カ所以上のカレーズ（地下水路）があり、扇状地の伏流水を効果的に集めている（後述）。交河故城は吐魯番市街地の西に、段丘化した古期扇状地上（標高１５５ｍ）に位置し、周囲は１００ｍ以上の断崖絶壁となっており、遠望すると沙楼上の軍艦のような容姿をしている（後述）。地質はやや固結の進んだ礫・砂・シルトからなる。

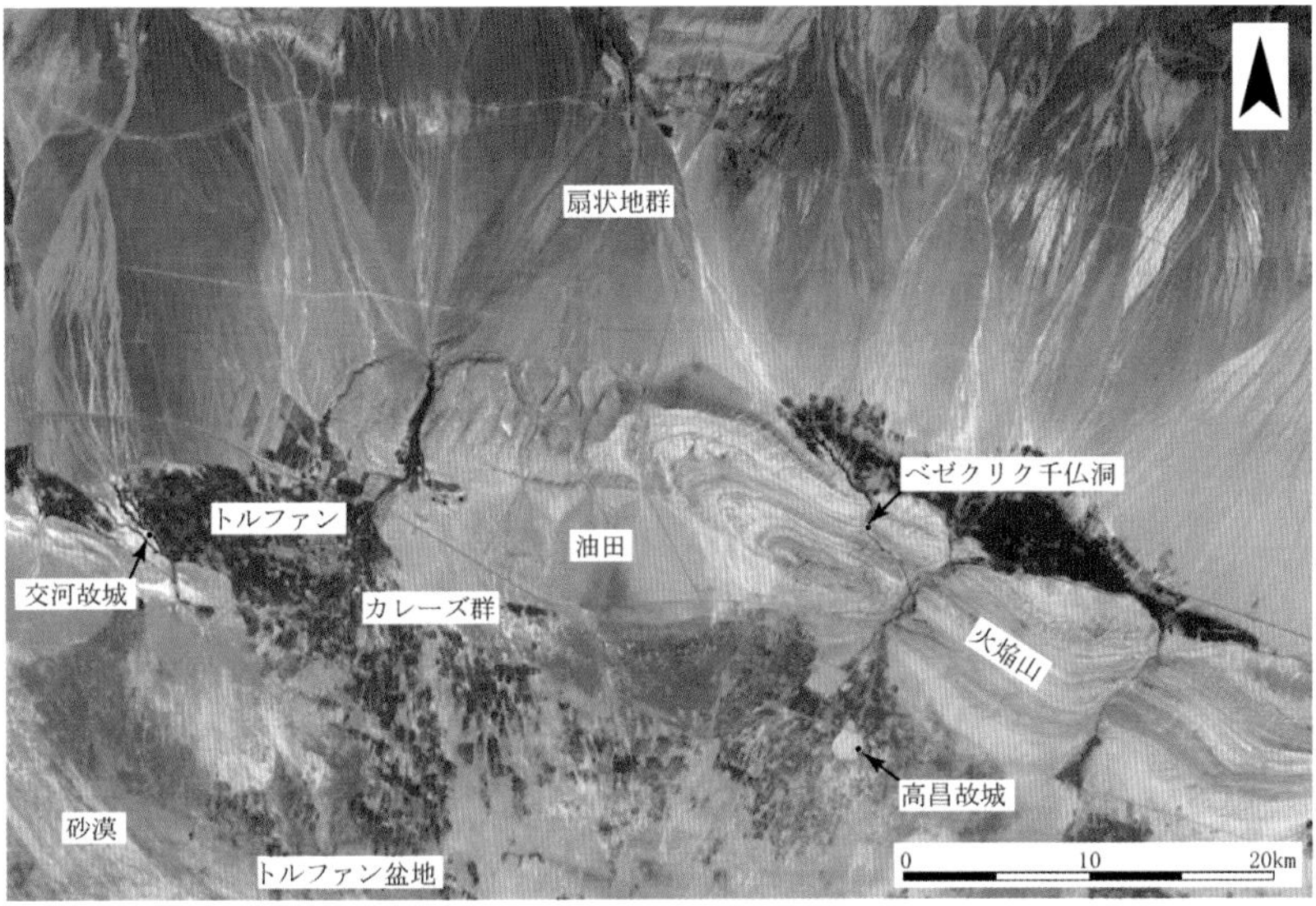

図 21　吐魯番と火焔山の褶曲模様（衛星写真　Google）

♣交河故城《こうがこじょう》

8月3日、夕方5時半から6時半まで、交河故城（ヤルゴール―「崖城」を意味する―古城）を見学した。吐魯番市から西へ10㎞の台地にある。ここはウイグル地区でもとりわけ暑いから、見学は夕方でないと大変だという。

交河故城とは『前漢書』「西域」に「河水分流して城下をめぐる、故に交河と号す」とある。「交河」は2つの河―台地を刻む深さ30mほどの侵食谷で、谷底は幅100～200mほどあって、そこにだけ緑滴る樹木が生育している―に挟まれて隔離された高さ30mの舟形をした台地上の、古い町の遺跡である（図24）。

中国の町は全体を城壁で囲むのが一般的であるが、交河故城は両河の自然崖が砦となっており、建造物（住居・道路）は地面を掘って建造された〝彫刻都市〟ともいうべき、きわめて異例の城である。日干し煉瓦による建造物が一般的であるが、煉瓦を強靱にするため柳の枝や枯れ草を混ぜることがあり、ある時代から日干し煉瓦が農作物の肥料となることがわかり、それを崩して農地にまいたため、後で述べる高昌故城が交河故城に比べて保存状態が悪いのはそのせいでもある。

6世紀初頭に麹《きく》氏の高昌国があったころは、ここに交河郡城が築かれてい

図23　火焔山を横切る河谷，堆積岩の褶曲と河成段丘

図22　砂岩主体の地層の背斜構造（火焔山）

た。その前、前漢から北魏のころまで車師前王国の時代の都城のあったところだといわれている。前漢の時代から5世紀中葉までは車師前国の王城があったが、隣国の高昌故城の主の沮渠《そきょ》氏によって滅ぼされた。そのあと、640年に唐がこの地の高昌国を滅ぼし、ヤルゴール県となった。ところが9世紀中葉、唐の勢力が弱まると西州回鶻《かいこつ》（ウイグル）に所属するようになり、元代には吐魯番に併合されて城は放棄された。

　交河故城は、長さ（南北）1650m・幅（東西）300mの細長い柳の葉のような形（北西から南東方向に長径を示す舟形）をしている（図25）。崖の上の高所にあるため見晴らしがよい。バスを降りて比高約30mの坂（図26）を登り、南門から入ると、平坦な城市（図27）にいたる。故城は、

図 24　交河故城とその全景（左は観光パンフレットによる）

図 25　交河故城全景（観光パンフレットによる）

中心を南北に約350m・幅10mの中央通りが貫いている。この中央通を軸として、城内は大きく3つの部分（区）に分かれている。北部は大仏寺を中心として大小、50余りの寺院の遺跡が集中し（図28）、仏塔が多く残る寺院区である。中央は周囲を塀で囲まれた管区（図27）で、地下広場のある役所の部屋以外はほとんど破壊されている。南部は一般居住区で、手工業者の工房もあったらしい。建物の保存もわりと良い。なお、寺院区のさらに奥は車師前国や高昌国等、唐代の墓区となっており、墓区をいれると交河故城は全体で4区になっている。この配置は唐の長安を模しているという。故城は舟形台地のためたいへん見晴らしがよく、西の山の山麓には現在の葡萄乾燥用のレンガの建物が密集しているのが見える。

　中国で一番暑く40℃以上になる吐魯番で、一木一草ない交河故城の見学は、やはり夕方でないと無理なことが分かった。ガイドの李さんの、「暑

図 27　官区の状況（縞模様の地層）

図 26　交河故城の中央道登り口

図 28　寺院区を望む

さで靴が焼きつくことがあるんですよ…」という言葉に笑っていたところ、メンバー今村の古い靴が暑さで接着剤が溶けて底がパックリあいてしまったのには驚いた。

玄奘がこの交河故城を訪れたかどうかはわからない。紀行文には何の記述もないところからすると、訪れてはいないのだろう。

♣高昌《こうしょう》故城

8月4日、10～11時に高昌故城（図21）を見学した。吐魯番《トルファン》の街自体が標高150mと低いが、そこから東南東へ40㎞ほど行った高昌故城は、周囲約5㎞の城壁に囲まれた総面積約200㎢の古城址で、地質時代から沈降していて現在は標高マイナス50mしかない。ここからさらに南に行くと、マイナス154mの汶丁《アイディン》湖があるという。気温は朝だというのに34℃もある。

ここには前漢時代に高昌壁や高昌塁などと呼ばれた砦が築かれ、前涼期（五胡十六国の一つで、漢人の張軌《ちょうき》が立てた国で、301—376年に存在した）には高昌郡が置かれていた。その後、唐代の麹嘉《きくか》氏・高昌国から高昌ウイグル帝国にかけて、約1千年のあいだ国都であったところだ。五胡時代（316—439年）に「沮渠《そきょ》氏高昌」が北魏に滅ぼされたあと、その残党が西に逃れて422年に高昌国を根拠地とし、450年に「車師国」を滅ぼして高昌国を建てたという。498年に麹嘉が王位につき、その子孫が140余年にわたって高昌国を治め、「麹《きく》氏高昌」と呼ばれたが、640年に唐朝に滅ぼされた。

高昌国を滅ぼしたあと唐朝は、ここに「安西都護府《あんせいとごふ》」（唐の周辺の遊牧民族の活動を鎮めるために設けられた官署・軍事施設のあったところで、当時は安東・安西・安南・安北・単于・北庭の６つの都護府があった）を置いた。その後、安西都護府は６４８年に庫車へと移された。

玄奘がインドへ向かう途中、ここに強引に招かれたのは６２９年、高昌王・麹文泰《きくぶんたい》が高昌国を治めていたころのことである（図29）。玄奘が伊吾《いご》（今の哈密《ハミ》）の寺に泊まっている時、高昌王・麹文泰の使者も滞在していて、高昌（吐魯番）に帰ろうとしている時に玄奘に会い、帰国して王にそのことを報告した。高昌王は即日使者を送って、法師を高昌に招くように命じた。玄奘はその招きに応じて６日の旅ののち、夜中の一番鶏が鳴くころに王城に着いた。すると王は侍臣とともに、城門に法師を出迎えた。こうして玄奘はここにとどまること２カ月、その間、乞われるままに１カ月にわたって仏法を講じた。僧徒は数千人いた（僧徒全体は５０００人ともいわれている）。その多くが聴衆となった。

私たちは高昌故城の城門の手前でバスを降りて、ロバ車

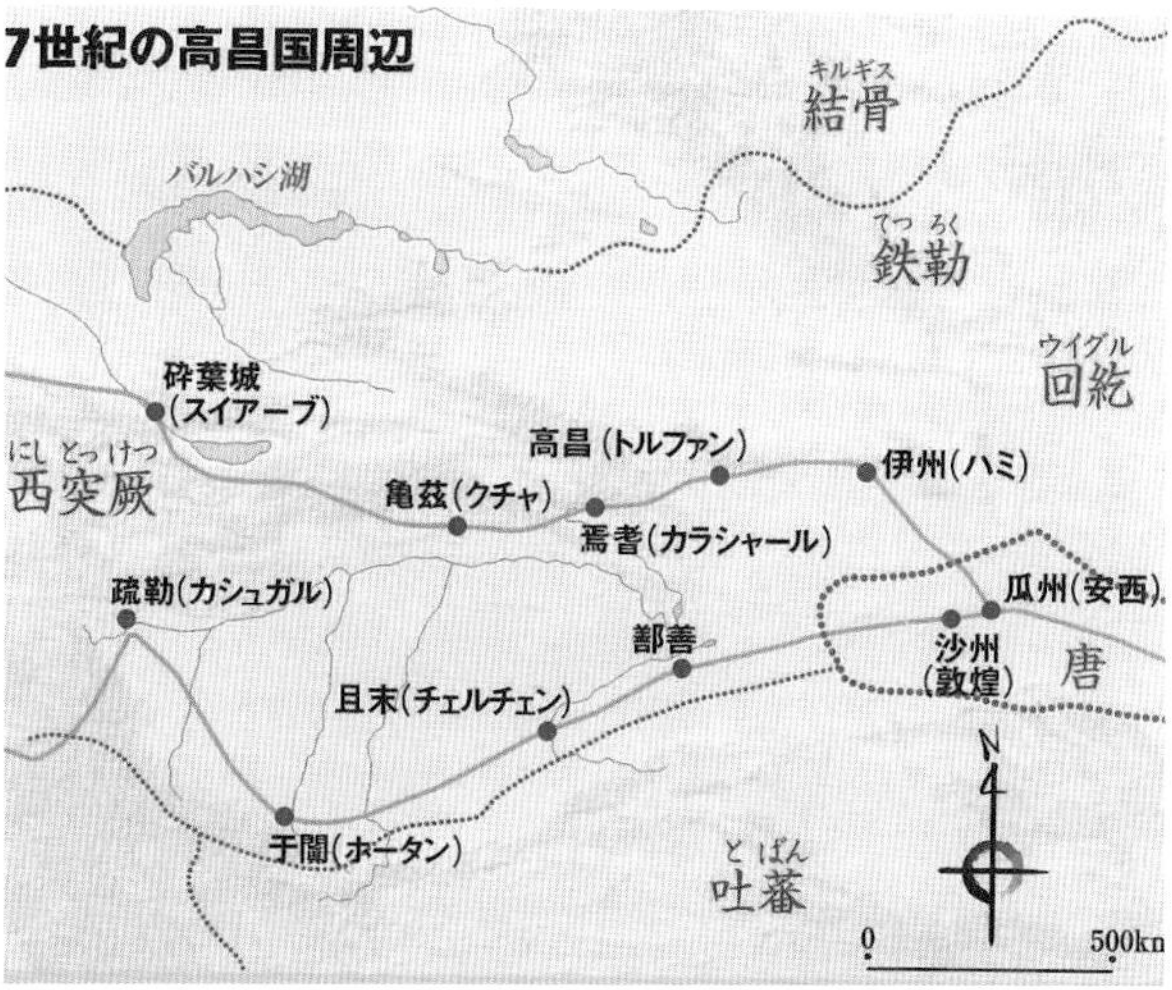

図 29　7 世紀頃の高昌国周辺の国々

（1台に6、7人ずつ）乗り（図30）、10分くらいで内城門に着く。城址は外城・内城・宮域から構成されているというが、もともと土を固めて作った建物群であるため崩壊がひどく、広漠とした土色の建物群が広がる。城の内部には王宮跡（「可汗の宮殿」と呼ばれる：図31）や景教（キリスト教ネストリウス派）の寺院のほか、マニ教寺院・仏教寺院など6つの宗教遺跡があったらしいが、いずれもかなり壊れていて我々にはよく区別がつかない。城内にはそれら寺院のほか、官庁跡や市場・工房等の跡もある。文献によると、当時の城内には5万人が住み、市場は城内外の商品であふれていたという。

そんな遺跡のなかに、大きい（直径30mくらいか）円形をした仏教寺院（講堂）がある（図32）。この建物自体は当時のものではなくあとで復元したものだ。入口は幅5、6m（図33）で、周辺に窓はない。玄奘はこの建物で仏法を講じたという。講堂の円形の壁には拿灯《がんとう》の跡が無数に穿《うが》たれている。そこに灯明をともして仏法を講じた。

高昌王は玄奘に懇願して言った。「私は先王と中国に遊び、隋帝に従って東西二京（長安と洛陽）および燕《えん》・岱《たい》・汾《ふん》・晋《しん》（いずれも華北の地）の各地を訪れ、多くの名僧を見ましたが、心からお慕いしたい方には会えませんでした。法師（玄奘のこと）の名を伺ってから身も心も歓喜し、手の舞い足の踏むところを知りません（このことからも、玄奘は若くして広くその名を知られていたことが

図30　ロバ車で故城へ向かう

図31　中心部分にある“可汗堡”

分かる。）心ひそかに師がここに来られたら、ここに止まって生涯弟子の供養を受け、高昌国の人はみな師の弟子にしようと考えていました。どうか師よ、ここで仏法を講授してください。僧徒はすくないながら数千人おり、ともに経典をとって師の聴衆《ちょうじゅ》にあてましょう（後略）。」（『大慈恩寺三蔵法師伝』）

こうして、玄奘による高昌での講習が始まったのである。ただ、講堂はせいぜい１００人くらいしか入らないから、おそらく1カ月の間に交替で聴講したのであろう。

1カ月余りの逗留ののち、玄奘はインドへと旅立とうとするが、高昌王は「どうか私の微心を推察され、西遊を断念してくださるよう、伏してお願いいたします。」と懇願する。玄奘は「王の深いお心は、しばしばいわれるまでもなくよくわかっています。ただ私の西行は法（仏法）のためです。法についてはまだ何も得ておらず、中途では止められません。だから謹んでお断りしているのです。どうか王よ、よく理解してください。大王は先に優れた事業を行って王となり、ただに人民の恃《たの》み仰ぐだけでなく、もとより仏教の保護者です。理《ことわり》は教えを助長するところにあるのですから、どうか私の西行を妨げないでください」といってそれを断わるが、高昌王はなかなか聞き入れようとしない。そこで玄奘は3日間のハンストをして、ついに王の引き留めをやめさせることができた。

高昌王は懇願する。「師よ、どうか自由に求法《ぐほう》の旅に赴いてください。ただ、

図 32　玄奘が仏法を講じた講堂（復元された）

図 33　講堂の内側から見た高昌故城の街

帰還の際、どうかこの国に3年留まって弟子《わたくし》の供養を受けてください（後略）」と。玄奘はみなこれを許した。ここではじめて法師は食事をした。こうして玄奘は高昌王の深情けを振り切って、帰路にまた高昌国へ立ち寄ることを約束して、インドへの旅を続けることができたのである。王は前途多難な玄奘の旅のために金品と多くの便宜をはかった。

『大慈恩寺三蔵法師伝』はこのことを次のように記している。

王は法師のために四人の少年僧を給仕とし、法服三十揃いをつくり、また西域は寒いことが多いので、面衣、手袋、靴、足袋、などを数個ずつ作った。また黄金一百両、銀銭三万、綾《うすぎぬ》および絹など五百匹（一匹は織り幅で40尺）を法師の往還二十年の経、経費にあて、別に馬三十頭、手力《クーリー》二十五人を支給し、殿中侍御史歓信をつかわし、西突厥の葉護可汗《ヤブクカガン》の衙帳《がちょう》に道案内させた。二十四の封書を作り、屈支《クチャ》など二十四国あて、一封書ごとに大綾《だいりょう》（大型の薄絹）一匹を贈物としてつけた。別に綾絹五百匹と果物二車を葉護可汗《ようごかかん》に献上させた。（中略）。こうして高昌以西の諸国に勅し、それぞれ駅馬を給し、逓送《ていそう》してつぎの国まで送るよう要請した。

図34　大仏寺仏塔（かつて龕《がん》に仏像が安置されていた）

玄奘のインドへの出発を高昌王は悲しみにくれながらも、従臣を従えて見送った。王は法師を抱いて慟哭し、同族みな悲しんで別離を惜しむ声は、郊外一帯に広がった。王は王妃や人民たちには、勅して帰らせ、自分は高僧たちとおのおの馬に乗り、数十里も見送ってから帰った。玄奘が通過した西域の諸国の王が彼を丁重したことは、みな、このような有様であった。

だが、玄奘は帰路に高昌国に立ち寄ることはなかった。約束を破ったわけではない。玄奘が帰国の途に就く前の640年に、高昌国は既に唐王朝に滅ぼされたからである。

♣アスターナ古墓群

8月4日午前中、高昌故城を見学したあと、そこからバスで10分（吐魯番《トルファン》市街地の南東36㎞）ほどのところにあるアスターナ古墓群を見学した。「アスターナ」とはウイグル語で「いこい」とか「ねむり」をあらわす。「首府」の意味もあるようだ。カラコージャ古墓群ともいい、国の重要文化財に指定されている。古墓群はアスターナ村の北、カラコージャ村の東に位置し、東西約5㎞・南北約2㎞、約10㎢の広さに散在する、いわば「地下博物館」である。いずれも高昌国の住民と唐代の西州の住民の墓地群で、周辺をポプラの植林で囲まれている。これまで発掘されたのは一部で、今なお発掘中である（図35）。

個々の墓地には「甲」の字型に斜め15度くらいの角度で地下に降りていく幅1・5mほどの参道がある（図36）。その行き止まりのところが墓室で、それぞれの墓地が展示室になっている。墓地が形成された時代は3世紀（西晋時代）から8世紀（盛唐時代）の間だという。私たちが見学したのは210号、

215号、216号の3カ所で、現地夫婦と教師・商人の3つの墓地であった。既にこれまでに500余りの墓が発掘されており、歴史的に豊富な史料を提供していて、吐魯番地域の政治・経済・文化史を研究する上での貴重な遺跡である。19世紀から外国の探検隊によって発掘されて大量の文化遺産が得られており、最近の中国の学者による発掘も一定の成果を得ているそうだ。

古墓地群の墓の形式と構造・副葬品等の考証の結果、墓地は次の3つの時期に分けられるという。

・第1期：晋代（3～6世紀、最古のものは273年＝西晋の泰始9年のもの）
・第2期：麹《きく》氏の統治時代（6～7世紀）
・第3期：唐西州時代（6～7世紀中葉、最も新しいものは778年＝唐の大暦18年）

これまでの発掘によると、墓に葬られた人々はここに住んでいた漢民族と少数民族だという。私たちが見た210号墓地には現地住民の夫婦のミイラがあった。夫より夫人の背の方が高く、西域（ウイグル？）人らしい。男性は漢人のようだ。副葬品には陶製人形や素焼きの陶器・絹に描かれた画等があった。

とりわけ印象的なのは、216号墓（唐代）の奥にある教師の墓所の「四賢人屏風壁画」である（図37）。壁画は漢人の現実生活の内容を模した6曲の屏風

図35　アスターナ古墓地群の発掘現場（候，2008）(2)

図36　古墓（墓室）への入り口

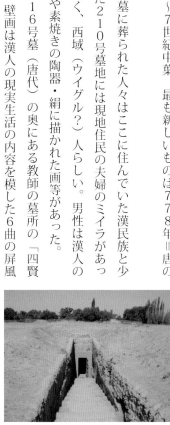

絵で、いかにも教育者の墓らしい、当時の儒教思想を反映した教訓に満ち満ちた壁画である。

図左端の絵にある2本の台座にセットされた大きな奇妙な形をした「欹《き》器」（入口の説明板にそう記されている）というコップ状の器は、ガイドの話によると「列聖鑑誡」―儒教思想にもとづく聖人の戒めの言葉―「何事も中程度（中庸）がいい。一杯に満たそうとすると物事はひっくり返るものだ」―という教訓らしい。その日の午後、吐魯番博物館の庭園の池の上に立派な銅製の大きな「欹《き》器」の模型が置かれているのを発見して、歓喜してシャッターをきった（図38）。

壁画（図37）の右端の絵には、やはり儒教での誡《いまし》めを示す3つの品物の絵がある。①生の緑色をした秣《まぐさ》、②まだ染めてない絹糸ひとまき、③撲満《プーマン》という陶製の貯金箱（一杯になったら割って金を取り出すもの）の3品である。①の生の秣は、墓の入り口の中国語の説明文によると、『詩経』小雅にある白駒《はくく》の詩の内容を表したもので、「賢者は待遇云々に支配されるものではない」という意味だという。②はひと巻の細い絹糸1本1本は細いものだが、多く集まるときわめて強力で、多くの効力をうむものだ。人は一つひとつの小さなことでもきちんとやることが大事で、それがやがて大事を生むもとになるということだろう。③は、貯金箱には入口はあっても出口はない。蓄銭《ちくせん》が一杯になったら毀《こわ》して使ったらしい。役人は、常に清廉であるべきで、無限に多くの富を求めてはいけな

図37　6曲の教訓たっぷりの屏風絵（候，2008）[3]

いという誡《いまし》めの品だ。

これら左右2つの図に挟まれた4人の座った人物像―左から玉人・金人・石人・木人―の像もやはり儒教思想にもとづく戒めを表している。玉人は白衣をまとった人で、清廉・高潔な人物を表し、金人は「三緘《さんかん》」（緘は口を閉じてものを言わないこと）といって、三重に口を封じていること、つまりいつも言を慎むことだ。石人は石のように寡黙だが、どういう状態にあってもけっして物事に動じないこと。木人は愚直なほどに正直な人格の持ち主であること。つまり人は、こういう人格を持ち合わせているべきだということらしい。当初は絵の下の四角の枠に説明があったようだが、いまは全く何も読み取ることができない。

215号墓は、国際的に活躍した商人の墓で、世界の珍しい植物とその地の鳥類がセットになって描かれている。

図38　吐魯番博物館の庭園の池の上にある銅製の「欹器」の拡大模型
器を支える心棒の軸の位置が上端すぎて，これでは意味をなさない。図37の左端の絵が正しい。

図39　望楼（右）とその前にある伏義と女媧の立像（左）

アスターナ古墓群の隣には全体を見渡せる大きな望楼があり、その前には伝説で「測量の祖」とされる神々の、曲がり尺をもった伏義《ふつぎ》と、コンパスを手にした女媧《じょか》の立像がある（図39）。これは吐魯番博物館（工事休館のため私たちは入館できなかった）にある帛図（唐代に描かれたもの）をもとに作られたものである。

♣火焔山《かえんざん》

吐魯番《トルファン》盆地の中央部、吐魯番市街地の東15km付近から東方向へほぼ国道312号沿いに約100km、幅10kmをもって褶曲山脈が続く。山全体が赤褐色ないし黄褐色をなしているのが火焔山である（図40）。一木一草ない平均標高500mほどの山脈（最高峰は851m）で、ガリーの刻まれた山腹がつづく。そこの前面に、「火焔山」と赤い文字を刻んだ石柱がある。中国の新疆で一番暑い吐魯番のこと、夏には地表から立ち上る陽炎《かげろう》によって、ガリーの刻まれた山の斜面がゆらゆらと燃えているように見えるところから、「火焔山」の名で知られている。

「火焔山」は日本人には物語『西遊記』でよく知られた名称だ。「八百里火焔」などとも呼ばれる。同書では第59回の「唐三蔵、路にて火焔山に阻まれ、孫行者、ひとたび芭蕉扇をうばう」のところで出てくる。その物語の一部はこうだ。

図40　火焔山の遠望

図41　玄奘三蔵の旅すがた（ウィキペディアによる）

玄奘三蔵（図41）は、菩薩の戒めに従って再び悟空を弟子に加え、八戒・悟浄ともども二心を絶ち、力を合せて西天へと急いだ。ところが、秋だというのに蒸されるような暑さに三蔵が「秋だというのに、どうしてこんなに蒸すんだろうね」といいながら歩いていると、道の傍らに一軒の農家がある。屋根も塀も赤で塗られているし、戸口の塗料、板の寝椅子も赤の漆塗りといった赤一色の家だ。三蔵は悟空に、「どうしてこんなに暑いのか、わけを聞いておいで」という。悟空が農家を訪れて訳を尋ねると、老人は三蔵を見て家へ招き入れた。三蔵は礼を述べて尋ねた。

三蔵「ちと老体に伺いますが、当地は秋だというのにどうしてこう暑いのですか」

老人「ここは火焔山と申しましてな、春も秋もなく、四季を通じてこのように暑いのですわい」

以上は『西遊記』の一部だが、火焔山のいかにも暑そうな（事実暑い）この表現に実際の火焔山を重ねると、この表現がぴったりである。私たちは冷房のきいたバスで走っていても、バスの窓は暑く、自分の体が一番冷たいと感じるほど気温は高い。この日は44℃であった。地表温度は70℃以上だ。夏の旅行であれば玄奘もこの暑さには閉口し、おそらく夜に歩行して昼間は木陰で休むという行程をとるところであろうが、実際にはここを通る時期を秋とか春先にしたのかもしれない。『大慈恩寺三蔵法師伝』にも『大唐西域記』にも火焔山の記述はないところからみても、そこで著しく難儀をしたようには見えない。

盛唐の詩人の岑参《しんじん》（715―770：塞外《さいがい》の戦役に従軍すること2回、『磧中作《せきちゅうかさく》』などの優れた辺《へん》塞詩《さいし》を残している）は、その暑さを実体験したのか、次のように詠じている。

火山に聳え立つ赤亭口
五月の火山の雲は厚く
火雲山に道、開くことなし
千里を飛ぶ鳥も　来る勇気なし

国道が吐魯番から向かって火焔山の南側から北側へと山を横断する付近に、とがった山が見える。そこは851mだという。いわば火焔山の「沙《すな》富士」といった様相だ。その山麓部は砂の多い沙漠となっており、ここにも「火焔山」と赤く彫った石柱が立っていて（図42）、フタコブ駱駝による遊歩地域となっている。そこで多くのメンバーが沙漠の駱駝に乗って楽しんだ（図43）。定価が書かれているにもかかわらず、人によって随分値段が違ったようで、半分脅迫めいて高い駱駝代を払わされたメンバーもいた。

♣柏孜克里克《ベゼクリク》千仏洞

アスターナ古墓群を見た後の12時過ぎ、火焔山の赤みを帯びた山地斜面を左手に見ながら、これと平行した高速道路を10分ほど走った後、火焔山を南北に

図42　「火焔山」の石柱（背後が沙富士）

図43　「沙富士」と駱駝による遊歩

横断する下刻谷の谷壁斜面に柏孜克里克千仏洞はある（図21）。千仏洞の横を流れる木頭溝《ムルトク》河沿いには細長い湿地帯があって、わずかに草木の緑が見えるが、それ以外は一木一草ない喉の渇く山腹斜面の断崖に、千仏洞は掘られている（図44）。6世紀から14世紀までの間に、57の石窟が掘られたという。空は雲ひとつなく、外気温は40℃と目がクラクラするほどに暑い。

案内によると、「柏孜克里克《ベゼクリク》」というのはウイグル語で「美しく飾られた家」という意味だそうで、10世紀頃からウイグル人たちはここに移り住んだ。そのころ、この土地は仏教徒の土地であったため、移ってきたウイグル人たちは仏教を信仰して、石窟に飛天や伎楽天・舞楽天など多くの仏教壁画が描かれたようだ。その描き方は、敦煌の石窟画の構成と色合いによく似ている。

洞窟群は総数83窟が現存しているが、壁画が残る洞窟は半分に満たない40余である。石窟群は6～14世紀に造られ始め、唐代には「寧戎寺」と称された。石窟の大部分は9世紀中頃の回鶻イディクト王国時代に改築拡張されたものが大半で、12世紀以降は王国が衰えた影響で洞窟も破壊された。特に、その多くが13～14世紀に移り住んだイスラム教を信仰するウイグル人に破壊されたらしく、天女たちや人物の目がえぐり取られているのが陰惨で印象的だ。彼女や彼らの眼がイスラム教を信仰するウイグル人にとって、鋭く射るように感じられたのであろうか。

図44　柏孜克里克千仏洞

1900年前後に入ってきた西欧、とくにドイツの探検隊は、「釈迦涅槃図《しゃかねはんず》」など、多くの壁画を面的に剥ぎ取って持ち去った（図45）。このような受難の時期は二度にわたっており、14世紀にイスラム教徒によるものと、20世紀初頭の外国探検隊による壁画搬出競争である。私たちは第20窟や第26窟・第27窟・第31窟・第33窟・第39窟などの壁画を見たが、どれも不完全な壁画で、当時の面影を残すだけとなっている。

石窟を結ぶ回廊の端には地すべり計測器（図46）がムルトク河向きに設置されていた。石窟群は火焔山の山麓斜面にあたり、石窟は砂岩をくりぬき、回廊は砂岩を切ったか、もしくは片切り・片盛土かは不明であるが、いずれにしても全体的に谷方向へ地すべりを起こしているのではなかろうか。千仏洞の受難の歴史は終わりそうもない。

♣葡萄の産地・吐魯番《トルファン》

熱暑の吐魯番盆地であるが、ここは葡萄、とくに干し葡萄で有名なところでもある。吐魯番市の東北13㎞の火焔山沿いの平野部には葡萄園が多い。葡萄園は南北8㎞・東西2㎞の範囲に約60haの葡萄園がある。吐魯番盆地のみずみずしく青々とした葡萄棚（図47）は、周辺の土気色や赤褐色をした沙漠の山々とは対照的だ。天山山脈から流れ出る雪融け水を、多くのカレーズを経てうける

図45　誓願図　第二十号窟第九寺院[4]

図46　地すべり計測器

清水路が脈々と配置され、その周辺から両方の山麓まで葡萄園はつづく。

　葡萄といえば、いつもなら葡萄酒の話題が出るはずの一人（魯）は、体調不良（後述）でそれどころではないようだ。葡萄酒の歴史は、『漢書』に漢代に種が長安に持ち込まれ、離宮に植えられていたと記されている。しかし一般的には、漢土ではほとんど産しないことから、高価なものであったと思われる。

　高昌麹氏王朝の滅亡により葡萄酒の製造法が判明し、葡萄酒は特権階級のものではなくなり、王翰《おうかん》が詠んで人口に膾炙している「葡萄の美酒　夜光の杯」のように、兵士さえ飲める酒となったのである。

　李賀《りが》（791―817）が詠んだ「将進酒」には、

　　瑠璃《るり》の鍾《さかずき》　琥珀《こはく》濃し　小槽《しょうそう》　酒滴《したた》って真珠　紅《くれない》なり

とあり、芥川龍之介が愛誦したことは有名である。

　私たちは8月4日午後、昼食後の真昼の暑い時間をホテルで2時間ほど休んだ後、民芸品店を訪ね、そのあと18時40分ころから1時間ほど個人の葡萄農家を訪問した。前述した葡萄園の中の一軒だ。葡萄の木はやはり棚を作ってあるが、日本ほど高くはない（図48）。目立つのは、葡萄の葉のみずみずしい緑が、周辺の山々と際立った対照をなすことだ。葡萄棚の間には、杏や梨・リンゴ・無花果《いちじく》（日

図47　吐魯番市の郊外に多い葡萄乾燥小屋（左）とその近影（右）

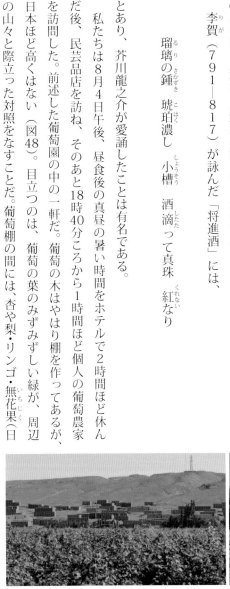

本のものと違って平べったい実をつける）などが植えられている。

訪れた農家では6種類くらいの生の葡萄とその干し葡萄をごちそうになった。家屋の前の広い縁台に座ってお茶とともに種類の違う葡萄や、スイカなどをごちそうになる。いい干し葡萄と染料着色された粗悪品の見分け方なども教授された（図49の右手前の干し葡萄は人工着色のため水に浸けると色素が出る）。

干し葡萄の試食・購入後、葡萄農家の家の中や周辺敷地を見学した。このような人文地理的な観察や記述はメンバーの魯の得意とするところだ。家屋を含む全体敷地は東西南北約25ｍ（約625㎡・約190坪）とかなり広いが、家屋は約4分の1の45坪の平屋建である。平屋建の屋根はポプラ類の丸太を天井の梁木にして一定間隔で並べ、葦を割いて網代編みにしたものを梁木の上に覆い、その上に壁と同じ土を10㎝ほどの厚さに塗り固めてつくってある。その屋上には唐辛子が干してあった。

民家の部屋の配置の基本形は、南から日を受けられるように、冬の寝室とその他の季節の寝室を東西方向に並べる間取りである。そのほか、居間・客間・寝室兼用室と冬の居間・寝室兼用室があり、この2部屋を組み合わせた間取りが一般的とのこと。この農家の家族は8人と大家族であり、床面積は一般的な50～70㎡に比べて広いようだ。家屋の壁は煉瓦を積んでから漆喰で固めてある。壁の厚さは外壁が40～45㎝、内壁は40㎝ほどであり、いずれも暑さを感じさせ

図48　青々とした葡萄棚

図49　干し葡萄の良し悪しを見分ける

ないようになっており、保温効果はきわめて高いと思われる。窓は装飾性が高く、上部は煉瓦積みのアーチで、方形の窓枠内に幾何模様の格子をはめてあり、簡素だが単調ではなく、きわめてイスラム色の強い装飾である（図51）。

台所の隣には寝室があり、冬だけ竈の熱が寝室に伝わるように、寝室の土壇の中に煙道をとおしてある。ただし、ナンを焼く竈は、建物の外に別に設置されている。居間・寝室兼用の部屋にはタンスやソファー、テレビなどの家具が置いてある。家畜小屋は母屋からやや離れた所にあり、壁は日干し煉瓦を積み、屋根はわらで覆ってある。トイレは母屋からやや離れたところに煉瓦を積んでつくってあった。屋敷全体はポプラ類の防風林に囲まれているので、適度の木陰がある。

♣吐魯番《トルファン》のカレーズ（坎児井《カンアールチン》）

吐魯番盆地は内陸乾燥地域に位置していて、夏季の最高気温50℃、冬季の最低気温マイナス30℃と年較差が著しく大きい。「朝は毛皮の服をまとい、昼間には薄ものの服に着替え、日が暮れるとストーブを囲んでスイカを食べる」のことわざがあるように、日較差もきわめて激しい。年平均気温は約14℃であるが、年間降水量は最高でも50㎜、平均は約17㎜であり、最低記録は２・９㎜であるが、蒸発量は２８３８㎜にも達するため、灌漑用水の果たすカレーズの役割はきわ

図50　葡萄乾燥室の前でウイグルの美女と

図51　民居の窓

図52　農家の巻き上げ式井戸

めて大きい。
私たちは吐魯番のカレーズ博物館（図54）を見学した。カレーズは中国だけでなく、乾燥地帯で山岳地から伏流してくる地下水を地下水道に流し、さらにそれを導水するシステムである。中東地域ではガナート（ghanat）と呼ぶようだが、もともとはアラビア語のカナートの転訛したペルシャ語で、さらにそれがカフレーズとかカレーズ（カリーズともいう）に変わった。中国語・坎児井《カンアールチン》の「坎《カン》」は、「穴」とか「窪地」といった意味である。カレーズはペルシャには5千年ほど前からあったといわれている。その後、北アフリカやイベリア半島から西トルキスタン（現在の中央アジア）などに広まり、東トルキスタン（西域・新疆ウイグル地域）に広がったと言われている。

シルクロードのオアシスは、⑴喀什《カシュガル》や和田《ホータン》のように地上河川の水を利用したオアシスと、⑵自然湧水を利用したオアシス、それと⑶吐魯番の生命線であるカレーズの地下水路を利用したオアシスの3つのタイプに分かれる。

カレーズの建設は中国における三大土木事業の一つとされる。残りの2つとは、①万里の長城、②李冰《りひょう》が建設した都江堰《とこうえん》、③秦の始皇帝の時代、皇帝の命を受けて史禄《しろく》が建設した山脈越えの運河霊渠《れいきょ》のなかのいずれかであろう。

一つ一つのカレーズの建設は、これほどの大規模な土木事業ではないが、これら①～③よりも古くから営々と築かれている。吐魯番市から2㎞のところに

図53　ウイグルの子供たち

図54　吐魯番のカレーズ博物館入口

あるカレーズ博物館で見るように多数建設され、いまなお命の水として利用されている。この土木事業は、やはり中国古代土木事業の偉大な遺産である。

♣カレーズと地下水

カレーズは新疆ウイグル地域での呼び名で、中国語では坎児井《カンアールチン》と呼ぶ。吐魯番《トルファン》のカレーズは、天山山脈に降った雨や雪融け水が地下へ浸透し、伏流して地下水となって吐魯番盆地へと流下する地下水をうまく取水してきたものなのである。

ほぼ東西に伸びる天山山脈の南麓、標高１５００～１８００ｍの山脚部を構成する基盤岩は、30度以上の勾配で盆地側に下っていて、基盤岩の上位には厚さ３００ｍにも及ぶ扇状地礫層が堆積していて、その上面は勾配１／20～25の礫平原を構成している。天山山脈南斜面から礫平原を経て吐魯番盆地へ流下する表流水の大部分は、礫平原で地下浸透し、地下１００ｍ以深で地下水面を形成して南～南南西方向に流下し汶丁《アイディン》湖で蒸発散している（図56）。

天山山脈の礫平原が標高４００～３００ｍまで下がったところ（吐魯番盆地に接する付近）には、幅1～6㎞で東西１７０～１８０

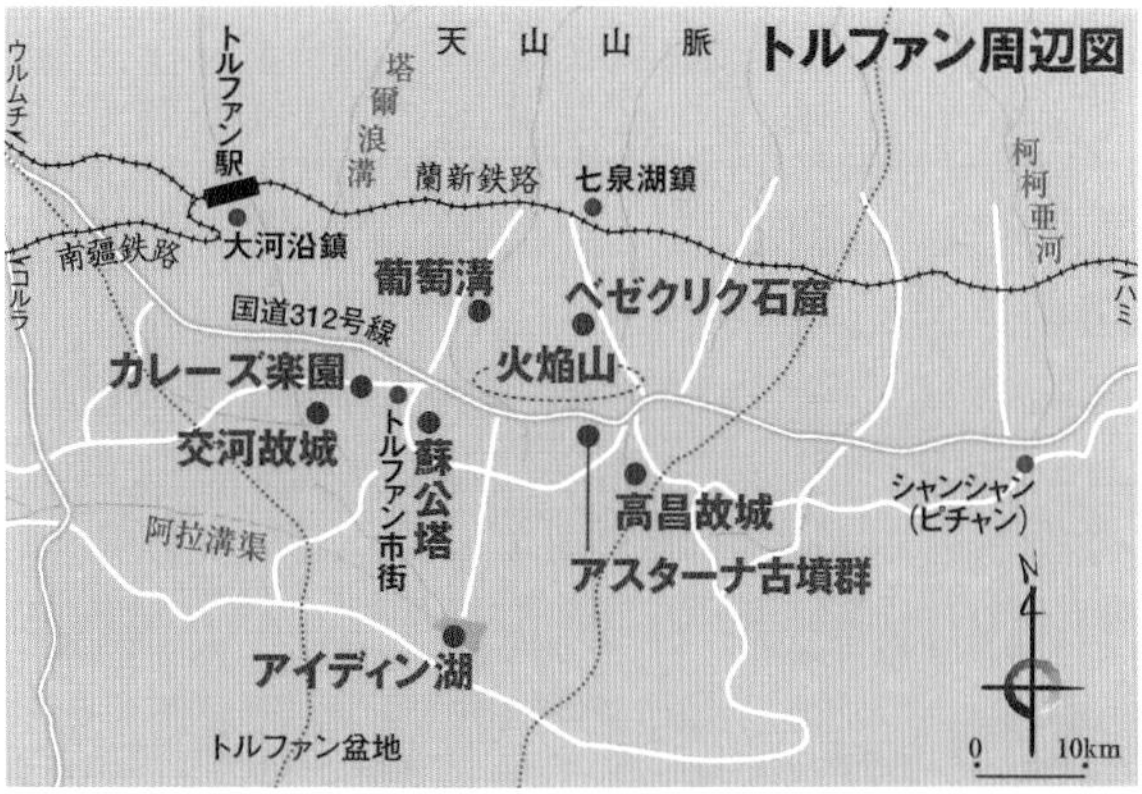

図 55　吐魯番周辺図（博物館：カレーズ楽園）

㎞の雁行的に伸びて分布する火焔山山体がある。この山体を構成する地質はすでに前述したとおりで、地下バリアーとして機能し、吐魯番盆地の地下水盆を北地下水盆と南地下水盆に二分している（図56）。

北地下水盆では礫平原の南南西もしくは南向きの地下水流を火焔山山体が遮って天然の地下貯水池として機能し、地下水盆の南縁部は地下水位が地表近くまで高まり、湧水や沢沼地が存在する（図57）。融雪時や豪雨時には、地下水位は異常に上昇して地表水となり、火焔山狭搾部から洪水として流出している。水質的には油田や農薬などからの汚染がない限り問題ない。

南地下水盆の地下水位は、北縁部の火焔山山体に接するところと庫木塔格《ムクダク》沙漠に接する部分で０ｍ、東縁部の托克遜《トクソン》で50ｍ、汶丁湖はマイナス１５０ｍであり、涵養源は西側に片寄っている。南地下水盆の主要涵養域は、西から東に伸びる天山山脈の南支脈とその周辺丘陵に片寄っていて、雪解け水が期待しにくく、東流しながら溶存成分を濃縮して、汶丁湖で、この傾向を助長して塩化ナトリウム水を湧し、塩類を析出するに至っている。

地下水が比較的浅く流下する部分には、20～30ｍおき位に地下水

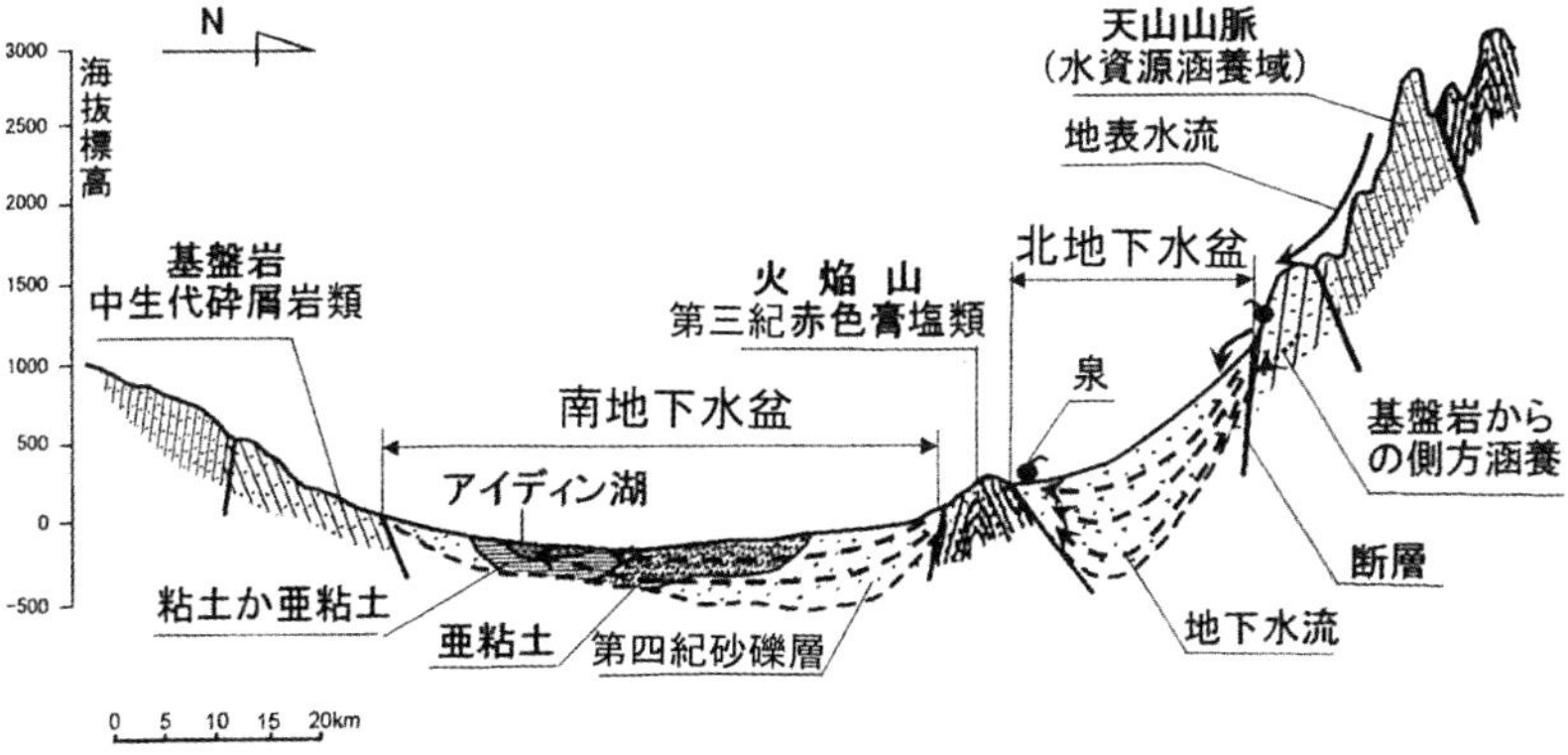

図56　吐魯番地下水盆断面図（雷・鎌田，2007）(5)

脈に達する竪坑を掘り、そこから上下流側へと横穴のトンネル（最大で人が通れるくらい）を掘って連結し人工的な地下水路にして、オアシスの一定地点で地上のダムにそそぎ、そこから耕地へと水を引く（図58）。つまり、カレーズは基本的に地下用水路と地表面用水路からなる。一連のカレーズは3～5kmのものが多いが、数十kmに及ぶものもあるという。竪坑は共用中の修理・通風などのために残されている（図59）。吐魯番地域のカレーズだけで1200本以上もあり、その延長はおよそ3000km以上におよび、〝地下水利工事の奇跡〟といわれている。坎児井博物館で見るカレーズもその一つで、人工地下水道が何条も平行して分布している（図60）。

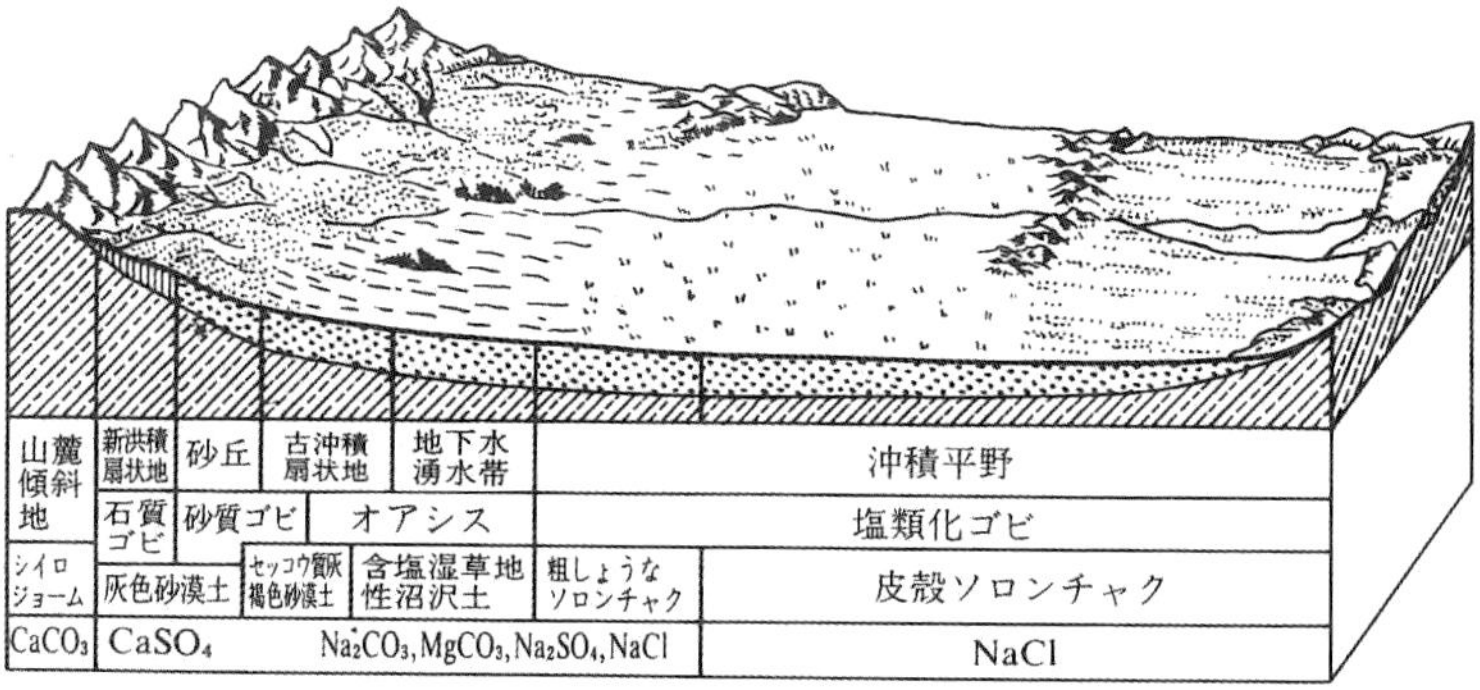

図57　吐魯番盆地の地下構造図（任，1986）[6]

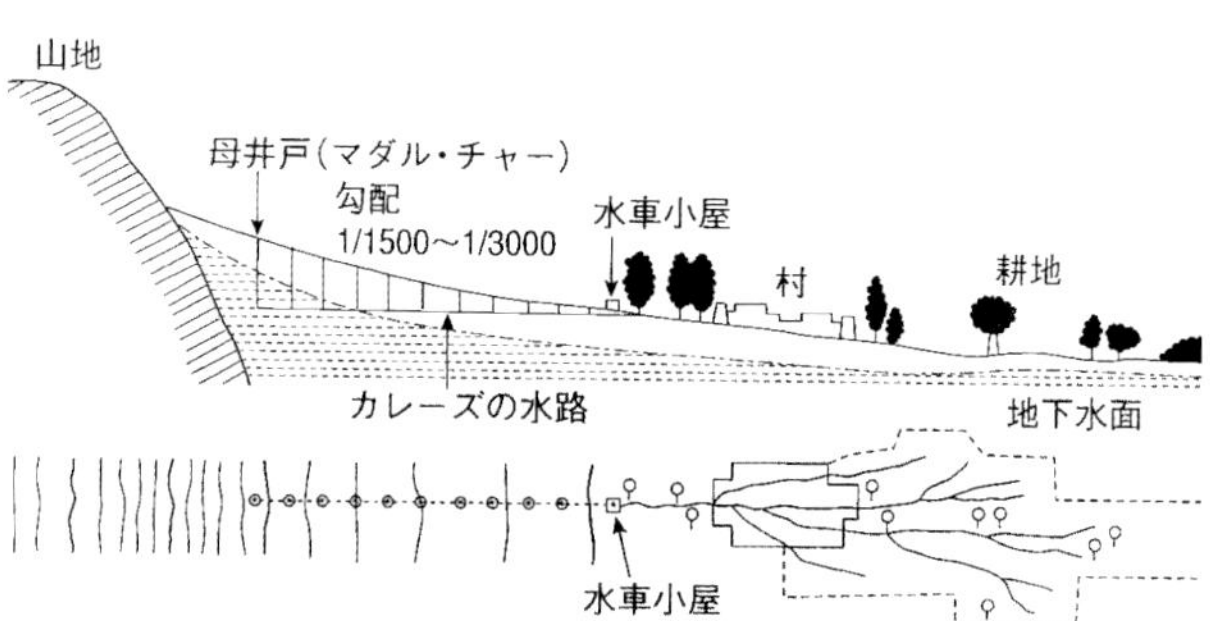

図58　カレーズの概念図（上：断面図，下：平面図）（長澤，2005）[7]

図61に集水渠（カレーズ）の平面分布を示した。カレーズの分布に片寄りがあるのは、地下水を貯め込んでいる北側の地下水盆から火焔山の連なりが分断された谷を通して漏れ出る地下水を、カレーズでうまく採取するために生じたものである。

　吐魯番地域のカレーズの特徴をまとめると、①天山山脈の地下水を水源とするもの、②火焔山の存在と密接な関係にある水源とするものの2種に大別される。

　吐魯番の農作物は葡萄・綿花・トウモロコシなどであり、灌漑用水としてカレーズ

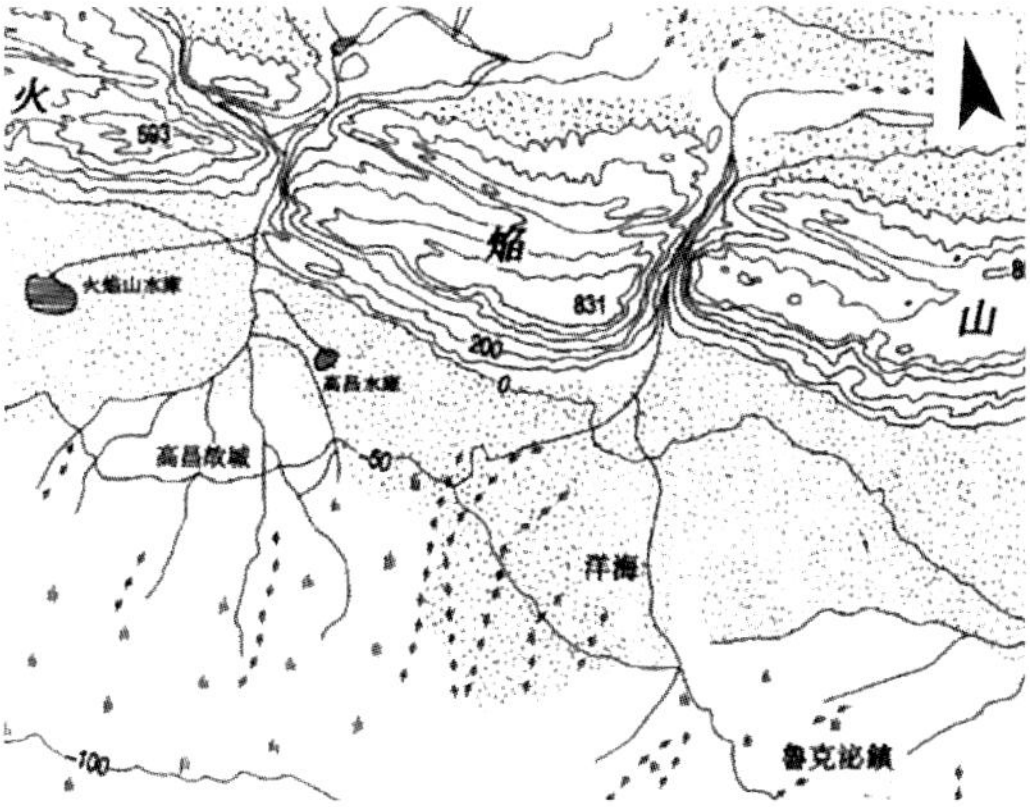

図60　カレーズの配置（破線がカレーズ）（新藤，2001）[8]

図59　カレーズの竪杭列

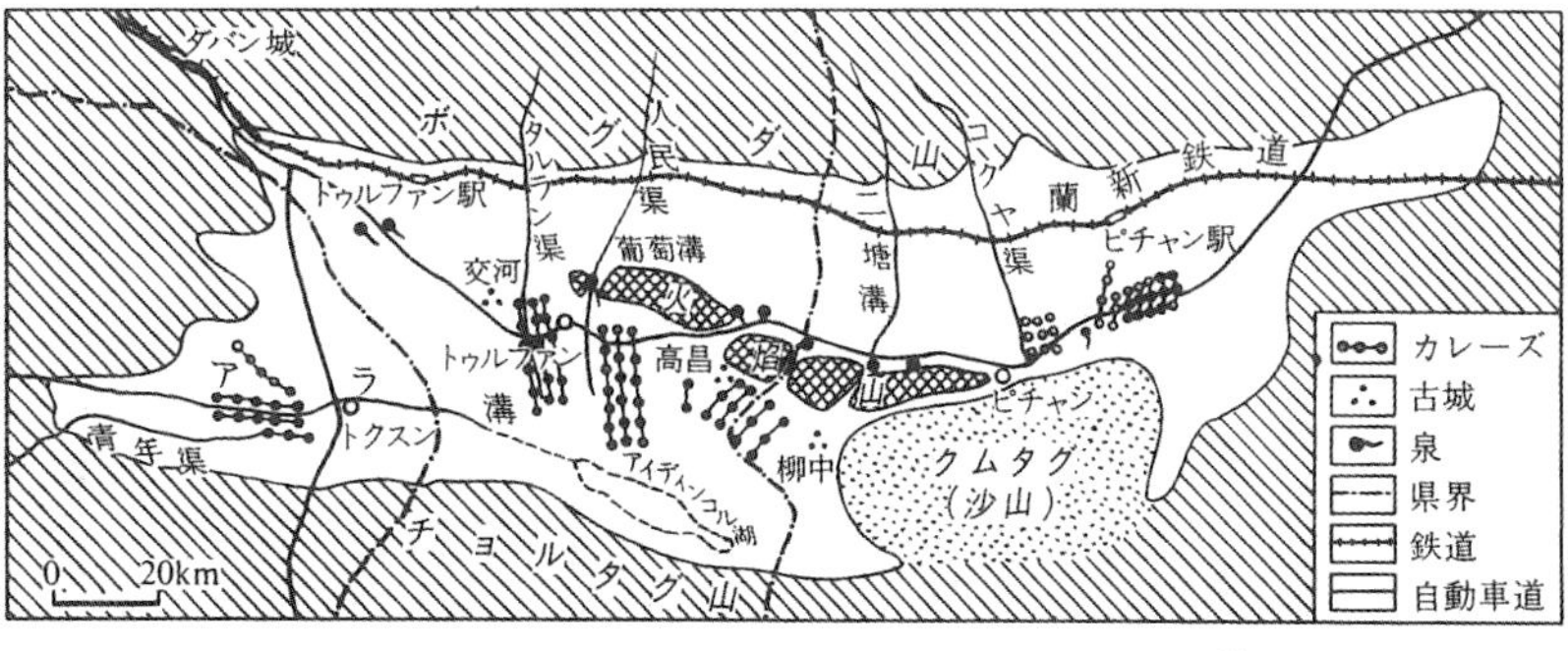

図61　吐魯番盆地周辺のカレーズ分布（任美，2009）[6]

があるが、水利用の増大のため、近年は河川水の直接利用（明渠の建設）と深井戸が増大してきており、湧水の利用は減少の一途である。カレーズは１９５７年当時１２３７カ所あったが、２００３年時点では４０４カ所と約３分の１にまで減少している。対照的に深井戸は１９４９年に１０４９本あったが、２００４年には５２５４本と約５倍に増加している。カレーズの維持管理費が大変で、極端な場合にはカレーズ１年間の管理費で井戸１本が掘削できるためである。日本もＪＩＣＡの仕事として深井戸建設に貢献している。

♣カレーズの水量と水質

カレーズの水は、葡萄・綿花など、人が生活するうえで必要とする多様な植物の「命の水」である。近年、衰退傾向の中にあるとはいえ、年間2・5億〜3億㎥の水量が確保されて、灌漑面積の30％を潤している。

吐魯番は中国国内でも最も暑く風速20ｍ以上の強い風が吹く日が多いことから、防風林が二重三重にも植えられており、住宅と農地の作物を守っている。とくに夏の暑さは厳しく、防風林（一部は街路樹）沿いに水路が併設されている。歩道の街路樹（ポプラや胡楊）は４〜５ｍ間隔の高密度で植えられている。秦の始皇帝が建設した「馳道」や「直道」（当時の高速道路）の街路樹の間隔は６・９ｍと決められていた。東京では８ｍ（東京都街路樹管理規定）であることからも、かなり密植であることがわかる。また、水路を流れる水は「カレーズ」からの明渠で、防風林・街路樹の灌漑用と気化熱による気温降下をねらったものである。水路幅は約２ｍであるが、夏期のため水量は少なく清潔感に乏しい（図62）。

カレーズの流量は、1カ所あたり毎秒10～20リットルであるが、最大で毎秒200リットルのものもある。しかし、最近は地下水涵養域で河川水取水のために頭首工が設置され、3面張りの明渠などの灌漑設備が整備され、各地に廃墟となったカレーズを車窓から目にした。

吐魯番地域のカレーズの水質については、参考文献とカレーズ博物館入り口の水質分析表からとりまとめた。カレーズの水質は、以下の①～③の3つに区分される。

①盆地北部の山地を水源とするカレーズの水質は良く、湧水量が多いこともあり、飲料水をはじめ多くの用途に利用可能である。

②火焔山南麓扇状地のカレーズ（吐魯番の典型的水利用）の水は水質は①に劣る。飲用できるが塩分濃度が高いなどの課題がある。

③盆地南部地域の低地帯、艾丁《アイデン》湖の北東部では水質は悪く水量も少なく、灌漑用水としての利用が主である。地下水面も浅く、深いものでも20m未満であり、地下水も上流部の灌漑水が再浸透したもののため、地元では「泥カレーズ」と呼んで、①②の「砂カレーズ」と区別している。

博物館に掲示されていた水質分析表を見ると、飲料水のpHの基準値は6・5～8・5であるが、分析値は8・0とアルカリ性が強い。有害物質のうち、塩化物12・5mg／ℓ（基準値1・0）、硫酸塩44・4mg／ℓ（基準値20）の2項目が基

図62　市街の防風林と明渠

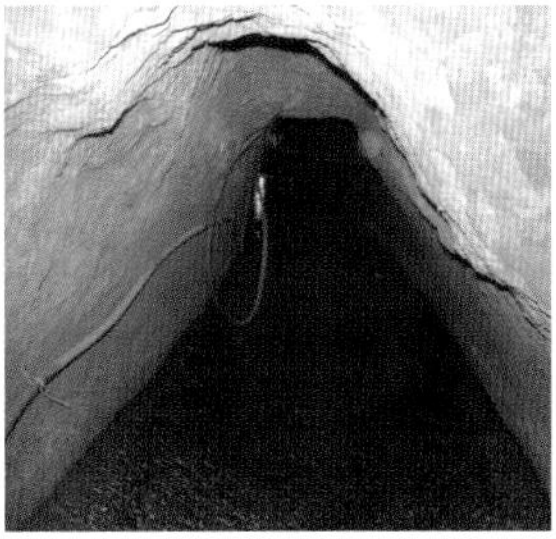

図63　カレーズの内部

図64　水温は12～13℃

準値を超えているが、分析結果表には「生活飲料水として要求を満たしている」とのコメントがつけられており、いかにも中国らしい。

吐魯番観光後2日目でメンバーのほとんどが下痢症状に陥った最大の原因は、カレーズの水を煮沸しないで飲んだことと、ルームサービスのペットボトルを白酒の追い水として、疑うことなく大量に飲んだことにある。慣れないかぎりアルカリ側で炭酸カルシウムや塩類、硫酸根の多い硬水で、COD（化学的酸素要求量）も高く安心できない水に下痢しないのは〝おばけ〟である。

こうした傾向は参考文献からも指摘されており、軟水に慣れている日本人にとって、吐魯番盆地の約半分弱に当たるカレーズの水を飲料水として利用するのは不適切であると判定されており、注目に値する。

今後の大規模な明渠網の整備や深井戸建設は農業生産の飛躍的増加をもたらす反面、灌漑は蒸発量の増大と塩分集積と耕地の荒漠化を加速するのではないかと思いつつ、博物館を後にする。外にはウイグル娘の艶やかな民族舞踏が葡萄棚の下で繰り広げられており、吸い付けられるように会場に足を踏み入れれば、先ほどの想いも何処へやら…。

［注］

（1）慧立・彦そう著／長澤和俊訳（1998）『玄奘三蔵　西域・インド紀行』講談社学術文庫。

（2）候漢敏編（2008）『新疆の旅』新疆ウイグル自治区対外文化交流協会。

（3）前掲（2）。

（4）「中国地理紀行」2002年5号、日本スーパーマップ。

（5）雷沛豊・鎌田　烈（2007）「中国北西部乾燥地域での地下水水質形成について—新疆・トルファン盆地を例として」地下水

技術49―5。
（6）任美鍔編著／阿部治平・駒井正一訳（1986）『中国の自然地理』東京大学出版会。
（7）長澤和俊（2005）『シルクロード入門』東京書籍。
（8）新藤静夫（2001）「新藤静夫の地下水四方山話　中国ウイグルのカレーズ（1）トルファン盆地」地盤環境エンジニアリング株式会社ホームページ。
（9）前掲（8）。

6　吐魯番《トルファン》から庫車《クチャ》へ

♣天山山脈山麓の扇状地とヤルダン

8月5日、吐魯番を出て盆地の沙漠地帯を南西へと向かう。標高がどこまで下るか興味深く、巡検ルートの低標高区間では高度計とのにらめっこで、海面下10mを確認した。

盆地の南西端から、天山山脈東端の山岳地帯の横断にかかる。山脈を構成する地質は、古生代の変成岩や花崗岩類である。山脈通過の最高標高は1710m、ここから少し下って西北西～東南東に溝状に延びる高原盆地を通過する。再び、わずかな山岳区間に入って標高1080mまで下り、周囲150kmの博斯騰湖《ボステン》（中国内陸部最大の淡水湖）のある湿地を通過する。

しばらくの走行で、ビル群が林立する庫尓勒《コルラ》市を過ぎると、広大な塔克拉瑪干《タクラマカン》沙漠（塔里木《タリム》盆地）の北縁に出て、右手に天山山脈の山麓沿いに発達するいくつもの扇状地（標高1000～1100m）を見ながら西へ走り庫車に至る。

庫車市街地は完新世の扇状地に位置し、その北には東西に延びる天山山脈を望む。その前山帯も東西方向の伸びで、新第三紀～第四紀の砂岩を主体とする地層が分布する。この山麓の標高1100～1250mには、前述した蘇巴什《スバシ》故城、克孜尓朶哈《クズルガハ》千仏洞、烽遂《ほうすい》台といった遺跡が残る（図68）。

8月6日、専用バスは「塩の渓谷」と呼ばれる河川沿い

図 65　乾燥と侵食作用による斜面堆積物（風送ダスト）

図 66　防災対策がほとんど無い山岳道路（吐魯番～庫車間）

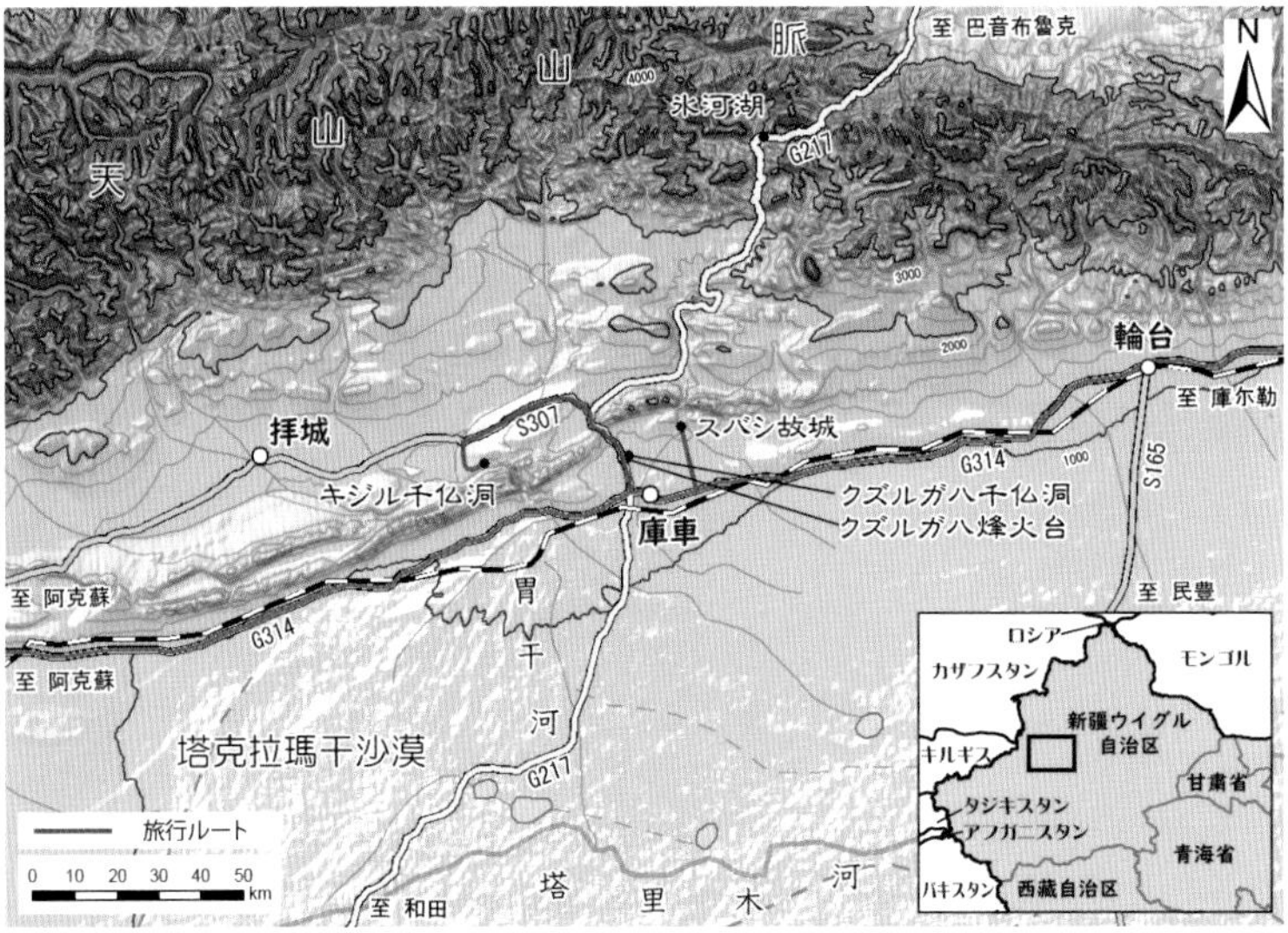

図 67　庫車周辺の地形図

に整備された道路を進む。河川は山脈を横切る横谷である（図69）。ここはかつてインドへ向かう玄奘三蔵も通ったという。河川に水はわずかしかなく、河原は塩分で白くなっている。高度１５００～１７００ｍの山脈内では堆積岩の傾斜の角度や走向が変化し、褶曲や断層の存在が数多く確認できる（図70）。山脈を過ぎると、更新世に形成されたと考えられる台地の一部が侵食されて、下部の堆積岩が風食によってマウンド状に裸出する「ヤルダン地形」（中国では竜堆という）が再びあらわれる（図71）。

やがて砂礫層で構成された比高30～50ｍの崖をのぼると広い平坦な地域になる。これはかつての扇状地である（図72）。遠く北に雪をいただく天山山脈を眺めながら西へ向かい、さらに南へ向かって再び台地を下って「イカン川」（却勒塔格《チラタグ》山脈を横断する河川）の谷底平野へ出ると、いま下ってきた比高１００～１４０ｍ

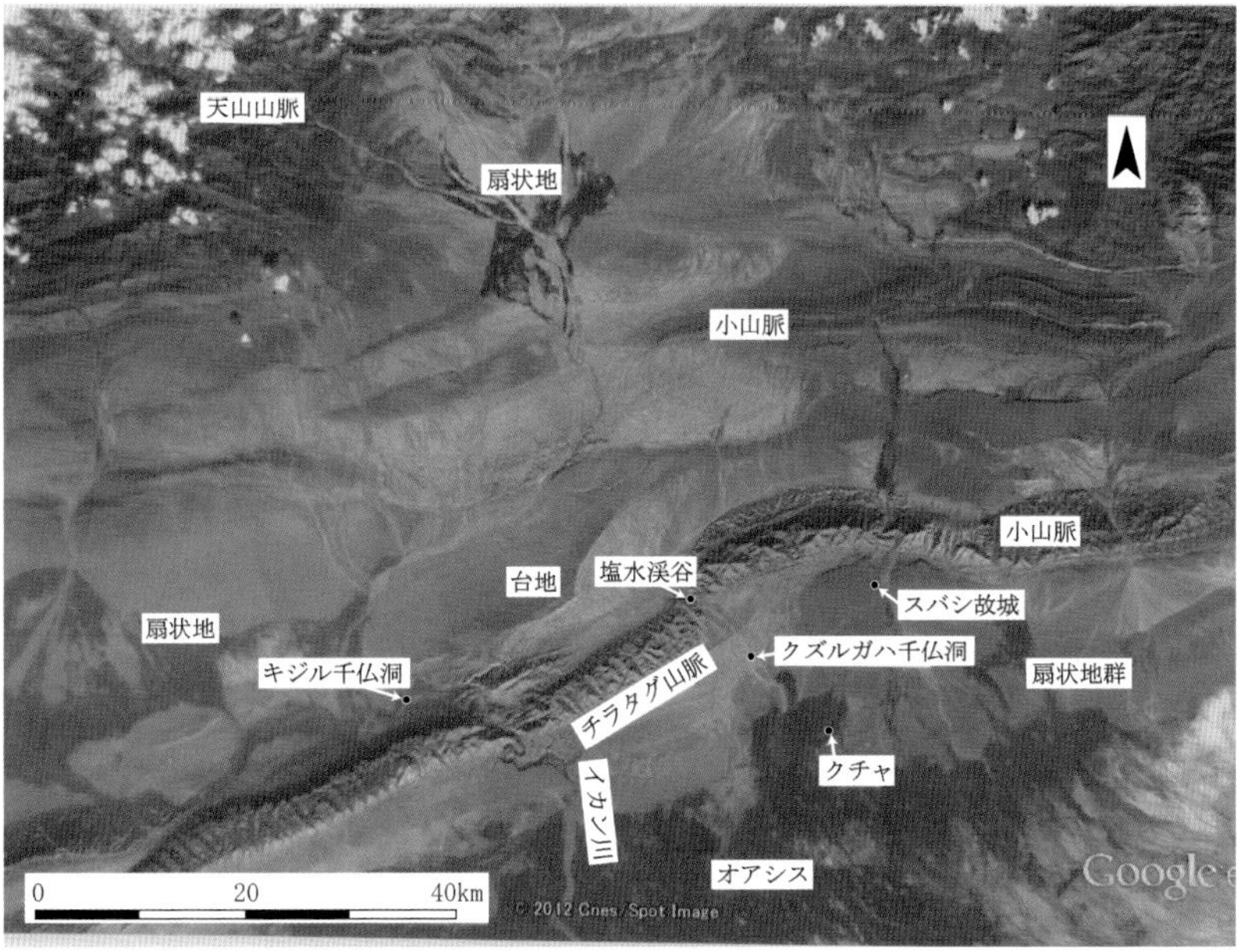

図68　庫車周辺の地形と遺跡（衛星写真　Google）

ほどの崖の中腹に、克孜尓《キジル》千仏洞がある（図73）。克孜尓千仏洞は緩い受け盤構造の砂岩層の崖面に、いくつもの洞窟が設けられている。

却勒塔格山脈を横切る前のイカン川の谷底平野沿いには、3～4段の小規模な河成段丘が見られ、完新世でも継続する山脈の隆起と、そこを侵食するイカン川のせめぎあいを想定させる。

図69　庫車周辺の構造地形（衛星写真 Google）

図71　ヤルダン地形（右端の台地が侵食された）

図70　却勒塔格《チラタグ》山脈の堆積岩の傾斜

♣庫車《クチャ》

8月5日、庫車空港が改修中で使えないため、吐魯番《トルファン》から庫車までは高速道路を使ってのバス旅行となった。庫車まで640㎞だ（図74）。朝の予報では、気温は45℃になるという。この間、午前中2回、午後2回、昼食時まで入れるとトイレは5回だが、午後の最後は「青空トイレ」だ。沙漠の中の青空トイレならいいが、高速道路では、とても大の方は無理だ。しかも、前夜の〝大宴会〟で白酒を飲みすぎて、この日は多くのメンバーが下していた。トイレタイムの度に一斉に大のほうに駆け込むのだから、大変だ。その深刻だが滑稽な様は、別のところ（9章）で詳述する。

庫車までの間はとくに見学予定個所もないから、もっぱら車窓からの地形・地質の観察巡検だ。昼食はラグ麺（メニューには拉面とある。「ラグマン」ともいうようで、漢語の「涼麺《リャンミャン》」からきているともいう）である（図75）。麺は日本の相当に腰のあるうどんと同じで、たいへんおいしい。上にかける具の種類は4種ほどあって、好みに応じてかければよい。

庫車は天山山脈の南麓中央部に位置し、唐代には屈支国（亀茲《きじ》）と呼ばれており、前漢時代に生まれた都市だ。後漢時代に「西域都護府《せいいきとごふ》」、唐代には「安西都護府」が置かれていたところで、西域の中心地として10世紀ころまでは大変栄えていたという。庫車市は人口49万人（2019年）[1]の都市である。庫車の

図72　蘇巴什《スバシ》故城周辺の段丘化した扇状地

図73　受け盤の砂岩層の崖と克孜尓《キジル》千仏洞

古い名称の「屈支」というのは、十字路の意味で、この地が沙漠を横断して天山南路と崑崙北路（西域南道）とを結ぶ和田《ホータン》─庫車線との交わる場所に当たるためだという。

庫車の街に入ってまず驚くのは、道路がとてつもなく広いことだ。車道が片側3車線（それぞれの車線がまた広い）で、一番外側には二輪車も走っている。これら車線の外側はきれいな街路樹の並木で、その外側には二輪車専用レーンがあり、さらにその外側に歩道がある。歩道もゆったりしている。やはり東西と南北の交通の要衝の地だからであろうか。

この町は、住民の85％はウイグル族、15％が漢族だという。このためか、中国の他の地域とはまったく違い、西域シルクロードの雰囲気がきわめて強い（図76）。

後漢・班固の『漢書』「西域伝」には亀茲《きじ》国（庫車）について、次のような記述がある（班固『漢書』小竹武夫訳）。

> 亀茲国は、王が延城に治し、長安を去ること七千四百八十里。戸数六千九百七十、人口八万千三百十七、勝兵が二万千七百十六人いた。（中略）。南は精絶《しょうぜつ》国と、東南は且末《しょまつ》国と、西南は杅彌《うび》国と、北は烏孫《うそん》国と、西は姑墨《こぼく》国とそれぞれ接している。鋳金・冶金の術をよくし、鉛を産する。

図74　庫車近郊の高速道路

図75　昼食においしいラグ麺

東は都護の治所・烏塁《うるい》城まで三百五十里。

他のこの地域の諸国が人口1万クラスであったのに、亀茲国が8万余あったということから、仏教の盛んな国に成長していたことが分かる。3世紀半ばにはもう仏教が伝来していたそうで、4世紀後半当時には、仏教を漢訳した鳩摩羅什《くまらじゅう》（クマラジーヴァ：344—413、このことについては後で詳述する）の母親は、亀茲国のスバ王族であった。この近くには蘇巴什《スバシ》故城やウシカト故城、阿克蘇《アクス》故城などの故城のほか、克孜尔《キジル》千仏洞や克孜尔尕哈《クズルガハ》千仏洞・庫木吐拉《クムトラ》千仏洞・カラクアイガン千仏洞など多くの石窟が残っており（図77）、インドからの仏教が天山山脈の山麓沿いに東進したことを雄弁に物語っている。蘇巴什故城以外のいずれもが石窟であるのは、おそらく暑さ対策の結果なのであろう。

庫車へ到着して大歓迎をうけた様子を、玄奘は次のように述べている（『大慈恩寺三蔵法師伝』による）。

さらに進んで一つの大河（庫車河か）を渡り、西方《さいほう》へ平川（ステップ）を数百里行くと、屈支国（今の庫車）の界内に入った。一行がまさに王都に近づくと、王が群臣や大徳僧・木叉毱多《モークシャグプタ》らと迎えに来た。庫車と近辺の諸僧数千人は、みな城の東門の外に幔幕《まんまく》を張り行像を置き音楽を奏

図76　庫車市街地の様子

して待っていた。法師が到着すると、諸僧はそれぞれやってきては慰労の言葉を述べ、おのおの還って自分の座についた。

やがて一人の僧が、美しい花を盤に盛り、捧げ持って法師に授けた。法師はそれをうけると仏前に行き、散華礼拝し、終わるとモークシャグプタの次の席に座った。座るとまたある僧が法師に花を捧げ、蒲桃漿（グレープジュース）を献じた。はじめの一寺で花と蒲桃漿を受け、次いで他の寺でも同様にし、あちこちの寺で日没まで響応された。

玄奘は629年、庫車に2カ月間滞在している。その間の見聞を地誌『大唐西域記』に、次のように記している

屈支《クチャ》国は東西千里、南北六百余里ある。国の大都城は周囲十七、八里ある。きび・麦に適し、粳稲《うるちのいね》を産し葡萄・石榴《ざくろ》を出し、梨・柰《からなし》・桃・杏《あんず》が多い。土地は金・銅・鉄・鉛・錫を産する。気候はおだやかで風俗はすなおである。文字は則《てほん》を印度にとり、少しく改編している。管弦儀伎《ぎ》楽はとくに諸国に名高い。衣服は錦や毛織物を用い、髪は短くし頭巾をかぶる。貨幣には金銭・銀銭・小

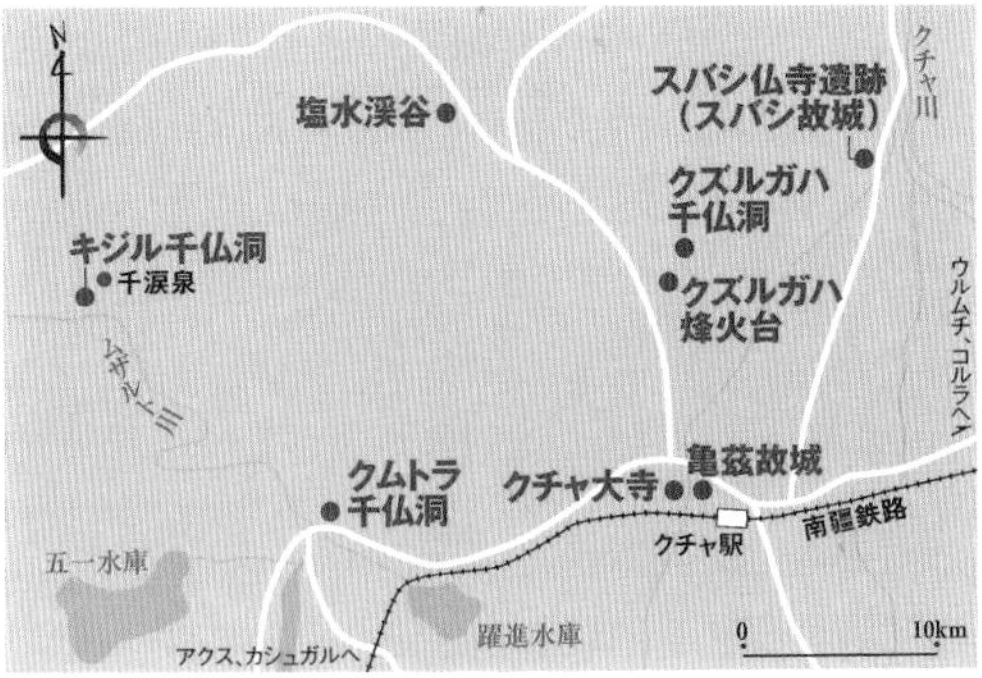

図77　庫車周辺の遺跡分布図

銅銭を使用している。国王は屈支種族である。知略乏しく強力な家臣に押さえられている。その習慣として子供を産むと、木で頭を押さえ、扁平にしようとする。伽藍は百余ヵ所、僧徒は五千余人で、小乗仏教の説一切有部を学習している。教義の基準は則を印度にとり、その読みならうものは印度文である。いまだに漸教にとどまり、食は三種の浄肉をまじえている。きよらかにたのしみつとめ、人々は功徳を積むことを競っている。

地誌の内容としては簡潔明晰で分かりやすい。『魏書』亀茲伝には、駝鳥（駝鳥《だちょう》のことか？）や孔雀などの家畜の詳しい記述があり、酈道元《れきどうげん》（４０９？―５７７）の『水経注』には石炭を産することも記されているから、いろいろの産物が豊かであったことがうかがえる。これらの産物は、昔も今もほとんど変わることがない。

♣蘇巴什《スバシ》故城

8月6日、9時にホテルを出てバスで35分、庫車《クチャ》の北北東23㎞にある蘇巴什故城を約1時間見学する。

蘇巴什の「ス」は河、「バシ」は頭の意味で、蘇巴什とは「水源」、「河口」を表し、蘇巴什故城は庫車河の水源に位置することから命名された。

蘇巴什故城は魏・晋時代（3世紀）に建設され、唐代には「昭怙釐《しょうこり》」と呼ばれ亀茲《きじ》国最大の寺院であったと言われている。却勒塔格《チョルタク》山（チョルはウイグル語で荒涼、タクは山の意味）の南麓に残る遺跡で、庫車河を挟んで東西に2つの大きな伽藍《がらん》がある。玄奘は貞観3年（６２９）にここに立ち寄り、２カ月間滞在した。その有様を『大唐西域記』に次のように記している。

荒城の北四十里のところ、山の入りこみに接し一つの河（庫車河）をへだてて二つの伽藍がある。同じく昭怙釐《ジャオフーリー》と名付け、東昭怙釐、西昭怙釐と位置に従って称している。仏像の荘厳はほとんど人工とは思えないほどである。僧徒は持戒はなはだ清く、まことによく精励している。東昭怙釐の仏堂中に玉の面の広さ二尺余、色は黄白をおび、蛤のような形をしたものがある。その上には仏陀の足裏の跡（いわゆる「仏足石」）があり、長さ一尺八寸、広さ六寸に余るものである。斎日に光明を照らし輝かすことがある。

私たちは庫車河対岸の東寺区は見学していないが、案内によると、山麓沿いに東西146m・南北535mの範囲に、その西部を中心に寺院や僧房・北塔・石窟などが点在しているという。西側よりも東寺区の仏塔の方が保存がいいようだ。玄奘の文面からすると、ここの僧侶たちは皆仏法の修業に熱心に精励していたことがうかがえる。

玄奘が地誌に記したように、唐代、仏教伽藍のスバシ故城は、幅300mほどの庫車河を挟んで2つの寺院居住地域（僧伽藍：梵語に由来するもので、僧園のこと）に分かれていたが、私たちが訪れたのは広い方の西側の伽藍（西寺区）の跡である。

亀茲国は7世紀に唐朝に滅ぼされ—それは玄奘が貞観3年（629）に訪れた12、13年後のことであった—、それ以降、唐朝によって亀茲に「安西都護府」が置かれて以来、中国内地から高僧たちが雲集して栄えたという。だが、9世紀に戦火（唐末の混乱期と思われる）にあって以来衰えていき、13〜14世紀には廃墟となった。

現在見る蘇巴什故城は、土気色の崩壊した建物が累々とした遺跡となっている（図78）。西寺区の故城の入口には、説明を記した低い碑があり、そこには「蘇巴什《スバシ》仏寺またの名を昭怙釐《ジャオフーリー》と呼び、俗に蘇巴什故城という」とある。その奥に黄褐色をした崩壊した建物群が続く。西寺区は東西170m・南北685mの範囲に、寺院や僧房・南塔・石窟などが点在する。その中にひときわ高くそびえるのが、当時の伽藍の中心の仏塔であったのだろう。高い仏塔のずっと北方には、天山山脈の支脈である峨峨とした却勒塔格《チョルタク》山がそびえる（図79）。ふと足下を見ると、白いスミレに似た小さな花と実がついており、ガイドの説明でスイカの原種であることがわかった（図80、81）。

建物の基礎は鮮新世くらいの礫層からなり、その上にレンガを何層にも積み重ねた上に、土で固めた建物が立地している。

20世紀初め、日本の大谷光瑞《おおたにこうずい》（1876―1948）探検隊が西寺地区で一つの舎利盒《しゃりごう》を発掘したが、それは東京の国立博物館に蔵されている。1907年にはフランスの調査隊も訪れて発掘調査をし、1958年には北京大学の黄文弼《ひつ》が西寺区の殿堂内で多くの陶器や銅銭・鉄銭・木簡・経文等を発掘している。1978年には、呉文が西寺区の基底から一そろいの女性の骨格と、嬰《えい》児の遺

図78　累々とつづく崩壊した建物群

図79　西地区の仏塔の一つ
背後の高山は却勒塔格山（最高峰2408m）

骨（火葬して残った骨）とその他の副葬品を発掘したが、それらは現在、亀茲博物館に所蔵されている。却勒塔格《チョルタク》山の山麓では、山体を穿って水路建設が進められていた。

♣克孜尓《キジル》千仏洞

8月6日、蘇巴什《スバシ》故城を見学したあと、克孜尓千仏洞に向かう（図82）。この間バスで50分くらいだ。克孜尓千仏洞は庫車《クチャ》の西北西75㎞のところのムザト河の北岸にあり、後方には天山山脈、前方には却勒塔格《チョルタク》山があり、周りを山で囲まれ、河に面し樹木が茂っている。約2㎞にわたる崖は「明星達格《ミンウーダーゴー》」と呼ばれている。「千の家の山」という意味で、広く中央アジアの千仏洞の総称である。入窟に際してはカメラやビデオ等の持ち込みは禁じられており、下の土産物売り場のロッカーに預ける仕組み（無料）になっている。見学にはここの専従のガイドがつく。

後漢（3世紀）ころから宋代（10世紀）までに掘削され続けた石窟は渭干河《いかんが》の北岸急斜面の下部にあるが、それでも、下の道路から高さ40mほどの断崖にある。1973年以降に発掘されたもので、その数は237窟あり、敦煌の莫高窟に次ぐ大石窟遺跡とされる。そのうち70窟あまりは比較的保存がよいが、観光に供されているのは限られている。すべて入口には鍵がかけられていて、

図80　スイカの原種

図81　スイカの内部

見学のたびにガイドが1個1個あけていく。私たちが見学した窟は、第8、27、32、34、69の5窟だ。

そのすべてに壁画が残るが、敦煌の莫高窟ほど保存のいいものはなく、柏孜克里克《ベゼクリク》千仏洞と同じく、人物の眼はすべて傷つけられている。これは後世（13、14世紀）に入ってきたイスラム教徒によって目の部分だけえぐりとられたものだ。やはり吐魯番の仏教遺跡と同様に保存のよかった壁画は、ドイツやフランスなど列強の探検隊に剥ぎ取られて持ち去られたものが多い。石窟に残る壁画には莫高窟のような鮮明さはないものの、美しい飛翔天が奏楽や散華《さんげ》（花をまき散らすこと）している姿が描かれている。

石窟の中でもとりわけ第8窟（中心柱窟）の天井に描かれた伎楽飛天の五絃の琵琶を弾く壁画（図83）は、5〜6世紀に描かれたものである。日本の正倉院に世界で唯一保存されている国宝の「螺鈿紫檀《らでんしたん》五絃《げん》琵琶」と同じだとの説明に、一瞬時間が止まった。詩人・白楽天（772—846）は琵琶の音色を以下のように詠んでいる。

第一第二の絃は索索《さくさく》　秋風松を払いて疎韻《そいん》落《お》つ
第三第四の絃は冷冷《れいれい》　夜鶴《よかく》　子を憶《おも》いて籠中《ろうちゅう》に鳴く
第五の絃声《げんせい》は最も掩抑《えんよく》す　隴水凍咽《ろうすいとうえつ》して流れ得ず

図82　克孜尔千仏洞と入口にある鳩摩羅什の銅像

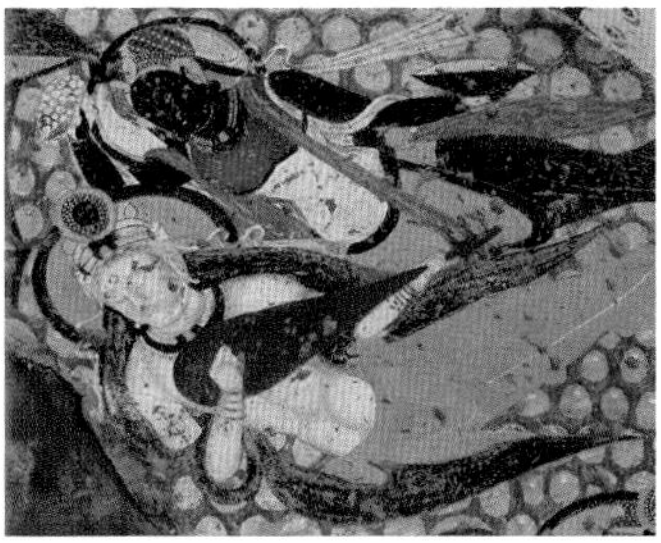
図83　第8窟 伎楽飛天の五絃の琵琶[2]

五絃並び奏す　君　試みに聴け　悽悽《せいせい》　切切《せつせつ》　復《ま》た錚錚《そうそう》

克孜尓千仏洞への登り口に、背景の明るくぎらぎらした千仏洞の遠景と対照的に、黒々とした鳩摩《くま》羅什《らじゅう》の銅像が目立つ（図82）。鳩摩羅什（サンスクリット語のクマラジーヴァの中国語訳：３４４―４１３）は、亀茲《きじ》（今の庫車《クチャ》）に生まれた。父はインドの宰相であったが出家して西域の亀茲国にやってきた。当時の国王に推されて国師（仏教の面で国王の師となる僧侶）になり、王の妹のジーヴァを妻とした。その間に生まれたのがクマラジーヴァである。彼は7歳で出家し、9歳で北インドに留学して母親に伴われて罽賓《けいひん》（カシミールあるいはガンダーラ）・沙勒《しゃろく》（カシュガル）などに遊学して小乗仏教やインドの学芸を学び、その後、カシュガルで王子・スーリヤソーマについて大乗仏教を究めて、サンスクリットの法華経を授けられたあと、母親から中国への布教を託された。

４０１年、後秦《ごしん》王・姚興《ちょうこう》（３６６―４１６）は後涼を討って、４０１年（姚秦の弘始３年）12月20日、クマラジーヴァを長安に迎えて国師とした。彼は十数年間にわたって仏典の翻訳と講教に取り組み、『中論』『百論』『十二門』『大智度《ちど》論』『法華《ほけ》経』『阿弥陀経』『維摩経』『梵網《ぼんもう》経』など、多くの経典を中国語に訳した。[3] その訳文は流麗達意の風を持っていたと言う。こうしたことが、この時代にいろいろの学派による仏教研究が盛んになるきっかけを作った。

羅什は旧訳時代（仏教が伝来して羅什のころまでの翻訳は梵語（サンスクリット語）からの漢訳で、誤訳も多かったし、便宜上、老荘思想の用語をあてた訳も多かったので、この時期を「旧訳時代」と呼ぶ）の経論の新しい翻訳者であると同時に当時有数の思想家であって、長安の講堂に集まってきた学僧らに、自分で翻訳した経論を講義した。彼が翻訳した経論には大乗仏教の確立者である龍樹《りゅうじゅ》（サンスクリット名はナガールジュナ：１５０―２５０頃のインドの仏教哲学者で大乗仏教を確立した）の思想が各所に織り込まれていった。

羅什は、複雑多岐にわたる仏教思想にただ茫然としていた当時の学僧たちに、仏法の成り立ちと仏典の扱い方を丁寧に教えた。つまり、思想的には龍樹の哲学とその弁証法的な言い回しを教え、教学的にはそれまで乱雑に翻訳されていた旧訳時代の大小乗仏教の経典を整理して扱う方法を教えたのである。羅什の翻訳はほとんどが龍樹に関係のある経典で、なかでも『法華経』などはとりわけ入念に漢訳されていると言う[4]。

♣克孜尔朶哈《クズルガハ》千仏洞

克孜尔《キジル》千仏洞を見学した後、車で10分ほど手前にある克孜尔朶哈千仏洞を見学した（図84）。広大な平原上には克孜尔朶哈烽火台があり、そこを過ぎて１㎞ほど行ったところの谷沿いの岸壁に千仏洞はある。38℃という暑さに、同行の見学者は３分の２くらいに減った。それでも、石窟内は30℃くらいと涼しい。

塩水渓谷の北岸の巌壁に掘削された石窟群は漢代から唐代にかけて掘られたもので、46窟あるという。これらは当時の僧侶が住んでいた僧房の跡で、当時から時間をかけて多くの仏教壁画が描かれたようだが、私たちが見学したのは、そのうち第1、14、16、27、28、30、32窟などであった。各石窟の入口には木製の扉があって、やはりそれぞれに鍵がかけられていて、案内人が一つひとつ開けては説明をする。説明が終わるとまたすぐに鍵をかけていた。

46窟のうち、第11窟には仏教壁画が残っているというが、私たちが見たものは、当時は光輝いていたと思われる金箔が剥ぎ取られて、かすかに壁画が残るものであった。第30窟には8体の飛天女像が描かれているというが、石窟内が薄暗いのと（私たちは個々に懐中電灯を持参してはいたが）表面が無残に剥ぎ取られているのとで、全体像はよくわからなかった。資料によれば、釈迦涅槃像があったと思われる上の天井に8体の飛天が描かれており、飛天は星月夜に天衣をひるがえして飛翔していたという（図85）。8体の飛天は4体ごとに向き合って描かれており、楽器を奏でる伎楽天が4体、散華盤をかかえて花を撒いている飛天が4体である。正面の壁画の前には透明なプラスチックで造った直方体の「賽銭箱」が置かれている。

柏孜克里克《ベゼクリク》千仏洞と同様、13~14世紀のウイグル族のイスラム教徒や、20世紀初めの西欧人探検隊によって破壊されたという。

♣克孜尔朵哈《クズルガハ》烽燧台

庫車《クチャ》から西へ10㎞くらいのところに前述の克孜尔朵哈があり、その手前（庫車寄り）に漢代の烽燧台《ほうすいだい》が残っている（図86）。黄褐色をした基底は東西6・5m、南北4・5m。版築《はんちく》で固められた土の塔で作られた高さ13・5mの烽燧台は、漢

図84　克孜尔朵哈千仏洞の入口

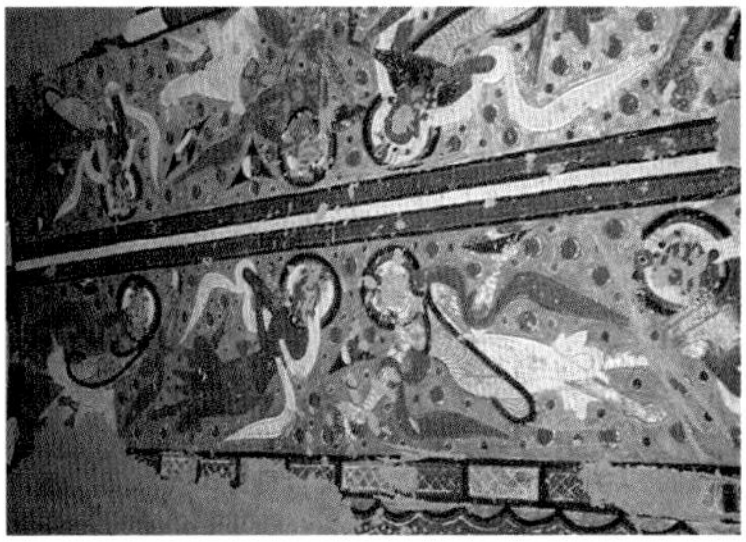

図85　第30窟の極楽飛天図 (5)

の時代匈奴対策のために置かれた「西域都護府《せいいきとごふ》」からの軍事連絡用の見張り台兼烽燧台で、数㎞～数十㎞の距離を置いて、いくつも設置された。

烽燧台の「烽」は火を打ちあげる夜用ののろし（火薬が使われたと思われる）であるのに対し、「燧」は昼間ののろしで、狼の糞を燃やしてけむりを出し、戦争、特に匈奴の動静などを緊急に伝達するために、4～10㎞ごとにある烽燧台へと次々に伝達した。狼の糞を燃やしたのは日本も同じで、このため「狼煙《のろし》」と書く。日本も中国に倣ったということらしい。漢代に作られた《駐軍図：軍隊配置図》（縮尺8万分の1～10万分の1）には、烽燧台は朱色で図示されている。

克孜尔朶哈烽燧台に関して、地元には次のような伝説が残されている。

昔、庫車《クチャ》の国王に非常に美しい娘がいた。王は年取って授かった玉のような王女を寵愛した。ある日、西方から来た一人の占い師に娘の行く末を占ってもらったところ、彼女には「百日の災い」がかかっていて、やがてサソリに刺されて死ぬであろうということであった。そこで国王は、街から10㎞も離れた克孜尔朶哈《クズルガハ》のこの地に塔のある宮殿をつくり、そこに姫をかくまった。毎日食事を運び、99日が過ぎた。そして最後の日、いつものように食事を届けさせたが、その日は、果物籠に娘の好きなリンゴを入れた。ところが、その籠の中に1匹のサソリが潜んでいた

図86　漢代の克孜尔朶哈烽燧台

のである。リンゴを取ろうとした姫は、サソリに刺されて一命を落とした。嘆き悲しんだ国王は、土塔の下に身を投げ出して「娘よ留まれ」と嘆き悲しんだことが由来である。ウイグル語で「クズル」とは娘、「ガハ」とは留まるといった意味だそうだ。

烽燧台の外周には螺旋状の細い階段が頂上まであって、頂上部分には狼煙を燃やす場所で遠望できる望楼があったというが、今はなく、階段を取り付けてあった腕木の痕跡が見えるだけである。

［注］

（1）人口はすべて次の資料による。中国人民共和国民政部編（2020）『中国人民共和国行政区画簡冊』中国地図出版社。

（2）陳舜臣・NHK取材班（1981）『シルクロード　絲綢之路　第五巻　天山南路の旅　トルファンからクチャへ』日本放送出版協会。

（3）布施浩岳（1967）『法華経成立史』大東出版社。

（4）前掲（3）。

（5）前掲（2）。

7　庫車《クチャ》から喀什《カシュガル》へ

♣天山山脈の複合扇状地と前山

8月7日、庫車からは、右手に前山帯と、奥に雪山の天山山脈を望みながら、標高1000〜1200mの複合扇状地を走行する（図87）。沙漠地帯であるが、時々、植生のある小集落（オアシス）

が散見される。
扇状地には供給源の違いで褐色や淡灰色といった色の違いがある。この色合いは背後の山地を構成する地質の違いによるもので、山地斜面は茶色、緑灰色、優白色、灰色など地層がきれいな縞状をなしている（図88）。こうした堆積物は古生層の砂岩、頁岩、凝灰岩、石膏などである。喀什に近づくと再び、前山帯を構成する新第三紀～第四紀の砂岩の分布が目立つようになる。

♣喀什《カシュガル》

8月7日、庫車の「庫車飯店」を8時10分に出発し、途中5回のトイレ休憩と小集落の「達吾提卡熱飯店」でのラグ麺の昼食を経て、喀什《カシュガル》のホテル「環球金座酒店」に着いたのは21時25分であった。その間13時間で、今回の旅で最長のバス旅行であった。

「喀什」というのは「玉《ぎょく》の集まるところ」という意味だそうだ。ウイグル族出身の美人ガイドのグリ・チ

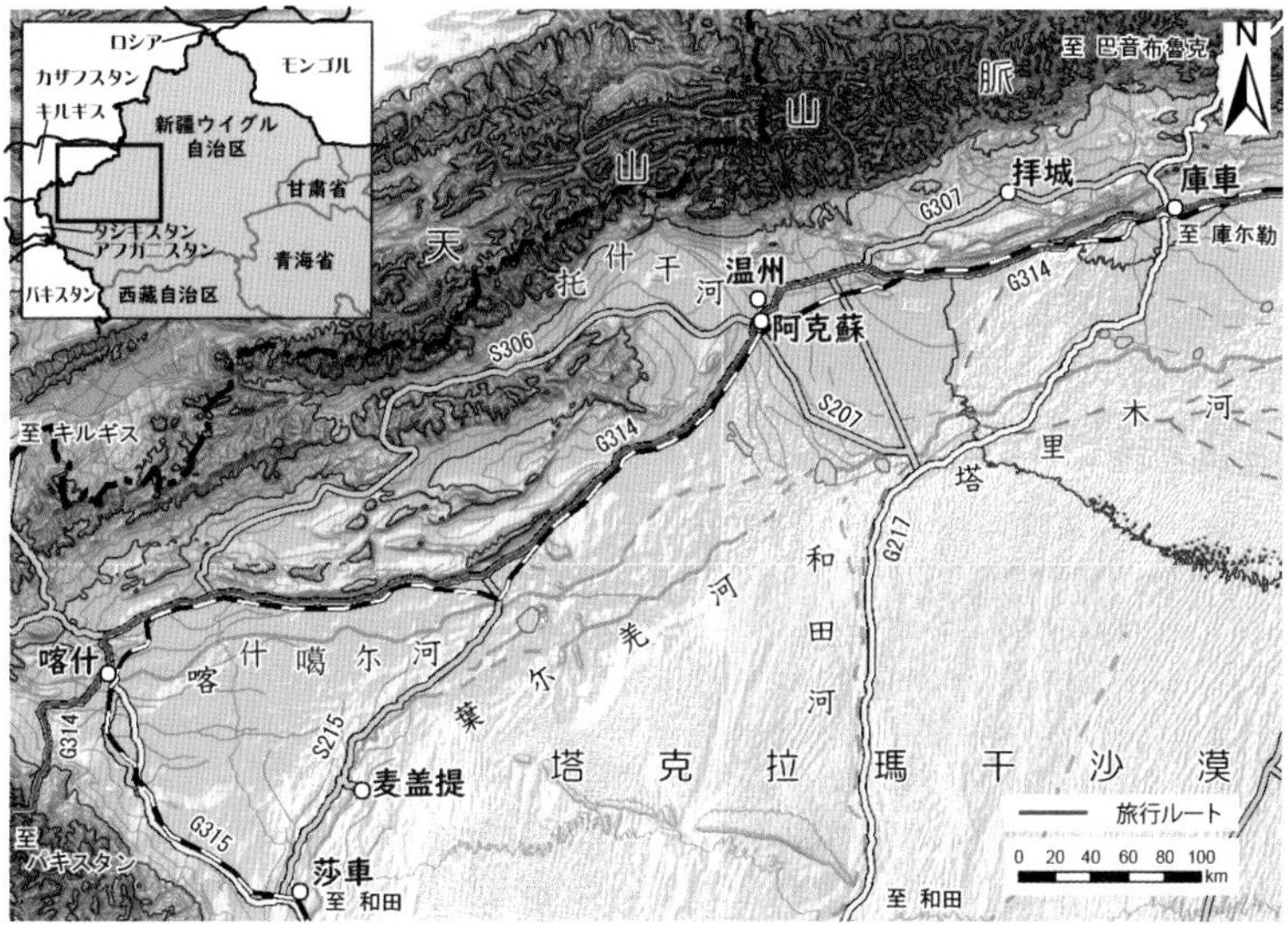

図87　庫車から喀什へ至る周辺地形図

ヒラさん（長春大学の日本語科を出た人で、日本語がとても上手であった。この大学の日本語科は中国で有名らしい）が教えてくれた（図89）。

　喀什市は７９１㎢の広さで人口65万人（２０１９年：ウイグル族73％・漢族26％・その他１％）の街である。シルクロードの要衝の地で、キルギス共和国まで１６０㎞、タジキスタン共和国へ２５０㎞、パキスタンまで４２０㎞のところにある。喀什地区としては11・2万㎢あって、人口４６３万人（２０１９年）だという。この地に来ると、もう地域としてはイラン系の顔つきをしたウイグル族が中心で92％を占め（農村はほとんどウイグル族）、漢族は６％にすぎないという。人々の顔つきだけでなく服装もかなり違う。敦煌や烏魯木斉《ウルムチ》もウイグル色が濃いが、それらよりもはるかにウイグル色が強く、中国という感じはしない。

　喀什は唐代には、玄奘の記載によると「佉沙国《カーシャ》」と呼ばれていた。玄奘は『大唐西域記』で喀什のことを、次のように詳しく記している。

　佉沙国《カーシャ》は周囲５千余里有る。砂漠が多く土壌はすくない。農業は盛大で、花・果《なりもの》は繁茂している。細い氈《フエルト》や褐《けおり》を算出し、細い氎《もめん》や氍毹《くゆ》（絨毯のこと）を巧みに織る。気候は和《なご》やかで、風雨は順調である。人の性質は乱暴で、俗《ならい》として詭《いつわり》がおおく、礼儀は薄く学芸は平凡である。その風

図88 山地の色調の異なる古生代の堆積岩（天山山脈）

俗として子を産むと頭を押さえて扁平にする。容貌は卑しく、文身《いれずみ》をし碧眼である。使用する文字は印度に手本を取っており、省略・改変はあるがよく印度の様式筆法を保存している。言語の語彙・音調は諸国とは異なっている。篤く仏法を信じ、福徳利益の行に精励している。伽藍は数百カ所、僧徒は一万余人、小乗教の説一切有部を学習している。その理論は研究することなく、多くはその文句を暗誦するのみである。それ故［経律論］の三蔵や毗婆沙《ウイバーシャー》（広解）をすっかり暗誦している者が多い。

　これより東南へ行くこと五百余里、徙多河《ヤルカンド》を渡り大きな砂山を越えて斫句迦《せきこか》国（原注：旧に沮渠《そきょ》と曰《い》う）に至る。

　市街地は漢城と回城の2つに分かれている。漢城は「疏勒《そろく》」、回城は「疏付《そふ》」と呼ぶが、私たちは治安の問題があり（ウイグル族と漢族の間のトラブルが多い）、あまり外へ出なかったため、その違いはよく分からない。ただ、後日、バスで市街地を通った時、「この地域がウイグル族を主とする回族の古来の居住地です」とガイドのグリ・チヒラさんに教えてもらった。コンパクトに密集した市街地は、何となくアルジェリアのカスバを想わせるムードがあった（図90）。夕食はホテル近くの「前海濱館」でとった。

　喀什は1860（咸豊10）年に「北京条約（露・清）」によって市場が解放さ

図89　ガイドのグリ・チヒラさん

図90　変わりゆく回族の旧市街

れたため、ロシア商人が多く来華し、そのほか西トルキスタン地域の諸国の人びとも往来して、交通の要衝として栄えた。清の光緒8年（1882年）には、喀什第一（北東）条約と喀什第二（北西）条約で、ロシアと清との国境を定めて境界標をたてて、地図を作成した。これが現在の中ロ国境の一部をなしている（図91）。

♣職人街の珍事と珍品

西域南道・天山南路の交易路が交わる喀什《カシュガル》は、東西民族の十字路と呼ばれる。喀什とは「玉の集まるところ（ペルシャ語）」、「緑の屋根を持つ建物（モンゴル語）」などの意味である。

大通りには近代的なビルが建ち並び、カラフルな漢字の巨大な看板が目立つ。人民西路から細い路地へ足を踏み入れると雰囲気は一変する。この先エイティガール・モスクまでが「職人街」と呼ばれる通りで、手造り職人の工房が寄り集まる一画がある。

道の両側には間口2〜3間の、日干し煉瓦やコンクリート造りの商店が続く。路地の奥はさらに古い町並みとなってい

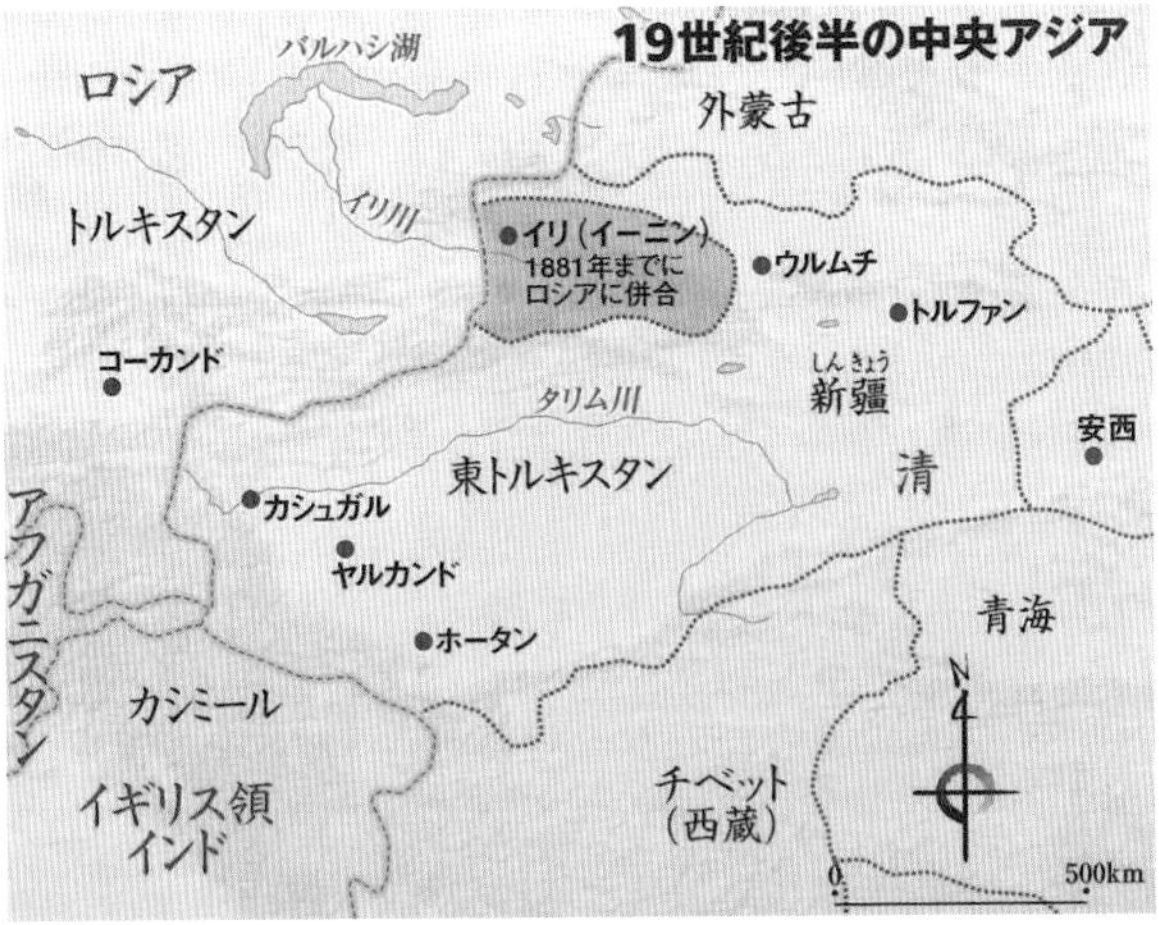

図91　19世紀後半のロシアとの国境

る。四川地震以降は日干し煉瓦造りの建物を改修しているらしく、焼成煉瓦を乗せたトラックや、壁面の足場に建設作業員らしき男の姿が見受けられる。南北に延びる通りには、伝統民族楽器店、銅の水差しなど日用品作り（図92）、鋳掛屋、指輪などの金銀細工、木工細工など数々の小さな店舗が並んでいる。

民族楽器店にはウイグル族の伝統楽器ラワーブをはじめ、キルギス族のクムース、ハザク族のドンブラなど数種類の楽器が所狭しと並んでおり、数人の男が伝統音楽を奏で、観光客を誘っている（図93）。演奏している音楽は「ウイグル12ムカーム」である。「ムカーム」とは古代ウイグル・クチャートハル語の maka-yame（マカヤーム。別名チュンナグマ）という語が変化したものだという。ウイグル語の「ムカーム」（muquam）はアラビア語の程度や場所を表す meqam（ムカーム）と同音で「偉大なる歌謡音楽」を示す。昔から「ウイグルの女の子は歩けるようになると踊り出し、男の子はしゃべれるようになると歌い出す」といわれほど歌舞のさかんな土地だという。こうして天山南北各地に伝わったムカームが、16世紀前半、ヤルカンド王妃であったアマンニサ・ハーン（１５２６―１５６０）により採集・編集・創作された音楽が「12ムカーム（12の組曲）」である。古典文学・民族音楽・舞踏を組み合わせた、ウイグル族の代表とする総合的な舞台芸術である。

ムカームの音を消すように、数軒先には、路上で金槌を振って銅を加工して

図 92　銅製の日用品（鍋）の店

図 93　伝統楽器タンブールを持つ中家

いる男や、ふいごで釜の火を整えている少年など（図94）、「戦後まもない日本の活気に似ている」とメンバーの一人がぽつりと囁く。

ガイドのグリ・チヒラさんが、木工細工店の前で急に立ち止まり、つるされた棒状の細工（図95）を手に取り、「これは何に使う物かわかりますか」と質問してくる。一見、刻み煙草のキセルに似ており、メンバーの神谷が口にくわえようとすると、ガイドが笑う。それは赤ちゃんの尿を取る器具とのことである。男女別々に作ってあり、その使用説明に一同納得。現在も使用されているらしい。

ナイフは喀什の「彫金《ちょうきん》鏤《る》玉《ぎょく》」（彫金は指輪・首飾りなどの金銀細工、鏤玉は玉の彫刻）とともに有名である。シルクロードを移動する商人や遊牧民にとって、ナイフは必需品だ。メンバーの魯は、まるで必需品でもあるかのような眼で必死に品定めをする。装飾的・儀礼的な意味合いからか柄には美しい飾りを施し、先端がやや反り返った大小各種のナイフがショーウインドウに並んでいる（図96）。

銅製品を扱う店は店内全体が赤銅色に輝き、華やかな民族文様の施された水差しはそこに飾られた装飾品のようだ。品物に値札がなく、すべて交渉次第である。参加者の一人が、呆れるほどの低い値段を提示したところ、暫し考慮の後、「今日初めての客だから」と見事交渉成立となった。値段交渉は淡々としたものだが、無愛想なわけではなく、穏やかでまじめな職人気質の印象であった。

図 94　炭にふいごで風を送る職人

図 95　赤ちゃんの尿取器具
（左：女児用，右：男児用）

通りを進み大きな交差点で道を東に折れると、食料品、アクセサリー、服飾品を扱う店が多い。道幅はやや狭い。路上には野菜や果物、卵、生肉やカワプ（中国語では「烤羊肉串」、シシカバブ）、ナン、菓子、茶など日用品が並んでいる。スイカや桃をはじめとする果物の品揃えは、天山南路全体に豊富な印象である（図97）。

ナンはインドのナンより厚く、生地を丸く延ばした後で、型に押し当てたり剣山のような針付きの大きな判子のような道具で穴を空ける。針は単純な円形のものから、星や月形や花形の文様などもある。その生地を竈の内側にペタッと張って、焼き上がったナンは店先に積まれていく（図98）。はたして表面の模様で選ぶ客がいるのだろうか。

路上で一騒動が起こった（図99）。白ひげの老人が拳を振りかざして、自動車（タクシー）に乗った運転手（漢民族）に殴りかからんばかりに怒鳴っている。どうやら、人と屋台とロバで混雑するこ

図 97　果物や野菜売り場

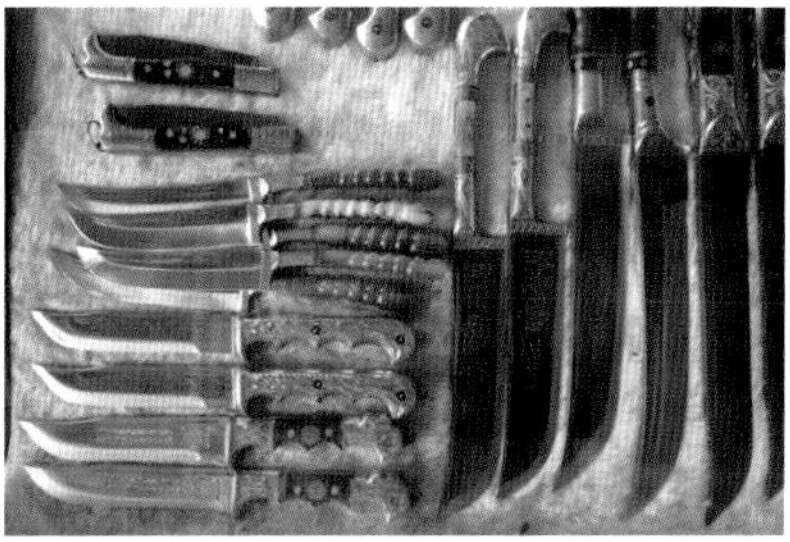

図 96　装飾が施されたナイフ

図 99　職人街の騒動

図 98　ナンの製造・販売

の道に間違って侵入してきたタクシーが、老人に接触したらしい。老人は、帽子を被るその風貌からウイグル族である。老人と車の周囲には人だかりができ、ウイグル語でまくし立てる。これは老人に加勢しているのか、双方のいさかいを制止しているのか、言葉や習慣のわからない私たちには区別できない。どうなることか、しばらく不安気味に傍観していると、やがてこの騒動は自然消滅していった。常日頃こうした民族間の小競り合いが起きているとのガイドの説明に、納得して通り過ぎる。

通りを抜けた先がエイティガール・モスクである（図100）。市の中心部に位置する同地区最大のモスクだ。散策中（19時30分頃）に、モスクからは、拝礼の呼びかけ（アザーン）が流れていた。礼拝中のため当然モスク内には立ち入れない。私たちは職人街を抜けて、金曜日は礼拝の人で埋め尽くされるというモスク前の広場に出た。人々はここで祈り、踊り、歌うのだという。落ちかけた陽がまだモスクの上に燦々と輝くなか、影を踏みながらバスへ向かった。

♣阿巴克霍加《アバクホージャ》一族と香妃墓

8月10日、9時25分〜10時35分まで、喀什《カシュガル》のホテルからバスで20分のところにある阿巴克霍加痲扎《アバクホージャマザール》の墓地——別名「香妃《こうき》墓」とも呼ばれている——を訪れた。

阿巴克霍加痲扎は、17世紀に喀什地域を統括した強大な権勢を誇ったイスラム

図100　エイティガール・モスク

図101　回族の親子

教白帽派の指導者で、その家族（5代72人）の墓所として、１６４０（康熙９）年に阿巴克霍加痲扎が父（ハバク・ホージャユースフ）のために建てた大きな墓廟である。美しく華麗な門楼―両側に大きなレンガ造りの円柱と壁があり、その表面は美しいイスラム風のタイル張りとなっている（図102）―をはいったすぐ左側には、一般人用のモスク（小礼拝場）がある。墓陵園には、門楼・大礼拝堂・小礼拝堂・教経堂・主墓廟の５つの建物があり、主墓陵の中は撮影禁止となっている。

陵墓の東部にある中心となる主墓廟の外壁はタイル張りで、とくに入口とその上の円形をした屋根の青色タイルが美しい。廟内に58個の蒲鉾型をした個々人（1家族）の墓丘が、西向きに―入口から廟奥の方向に―きちんと配列されており、その一番奥まった中央部に、阿巴克霍加痲扎の墓がある。その上には花飾りが載せられている。男性と女性とでは装飾が少し違う。各人の遺体は、この墓の２ｍ下に埋葬されているという。廟内は薄暗く、威厳と神秘性が漂う。この廟内での写真撮影は禁止されているためスケッチをした（図103）。

この一族のひとり、香妃（本名はメムレーエズッム）は、清の6代皇帝・乾隆帝（１７１１―１７９９）の「妃」として寵愛を受けた女性である（図104）。民間の伝説によると、彼女は生まれた時から変わった香りがしたという。このため沐浴のあと、香水をつけなくても棗《なつめ》の花の香りに似た魅惑的な匂いを発散

図102　阿巴克霍加一族の墓廟と門楼（左）

させていたそうだ。このため「イパルハン（香を持つ少女）」と呼ばれた。彼女は、砂棗《すななつめ》の花を浮かべた沐浴を好んだ。もともとそういう香りがしていたからかもしれない。

乾隆帝の妃にみそめられて「香妃」という名で都の北京の紫禁城の大奥に住んでいたわけだが、北京の風土に合わず、時がたつにつれ故郷の喀什への望郷の念絶ちがたく、病気になってしまった。乾隆帝は彼女の故郷の砂棗の樹を西域から取り寄せて、京城へと移植した。その樹は美しさと香の良さから「金花銀葉」と呼ばれた。それは乾隆帝の香妃への愛情を実証するものでもあったが、それでも香妃の望郷の念は絶ちがたく、とうとう若くして亡くなった。その遺体は１２４人の従者によって３年半かけて木で作られた特製の輿で故郷の喀什へと運ばれ、この墓廟へと運びこまれ埋葬されたという。その陵墓は廟内の一番奥まったところの右端にあり、赤い装飾（花）が施されている（図103）。

その時の木製の輿（高さ２・２ｍ、幅１・０ｍ、長さ２・０ｍくらい：図105）は、墓廟の入口のすぐ左側に安置されている。だが、これはあくまでも伝説であって、実際には香妃は河北にある清朝の東陵に葬られているという。おそらく一族の墓廟に葬りたいと言う願望から、こ

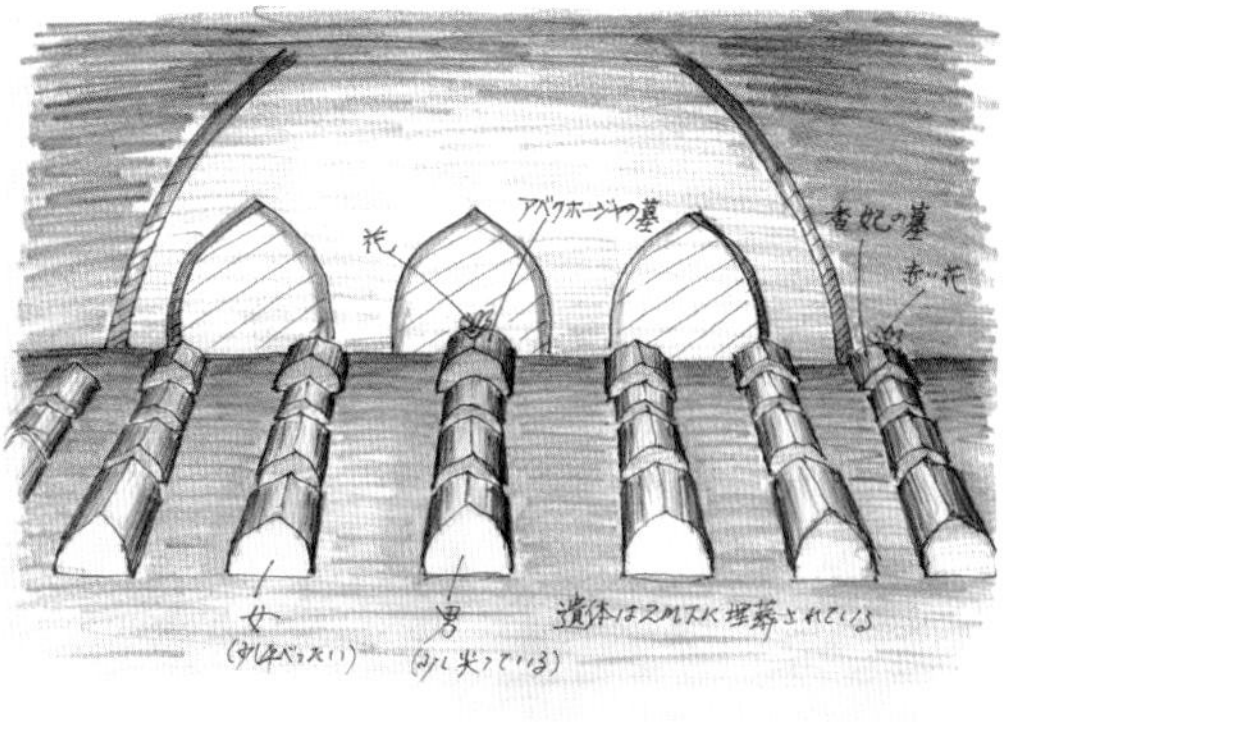

図103　廟内の墓列（スケッチ：今村）

図104　香妃の肖像（ウィキペディアより）

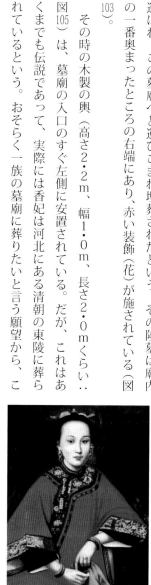

の墓陵やそこまで運ばれたと仮想される輿まで作って安置したということであろう。しかし、ウイグル族の香妃が異民族（満州族）の乾隆帝に妃として寵愛を受けたことは一族にとっての誇りであると同時に、異郷での望郷の念に苛まれての死は、悲劇性を伴ったムードが廟内にも漂う。

最近の学者の研究によると、香妃は阿巴克霍加痲扎の兄弟の孫娘で、その兄のトルディは清朝軍による「大小ホージャの乱」の平定に協力して功労があったため、皇帝から「輔国公」の官位を与えられ、全家族が北京に移り住んだ。１７６０年２月に美人の香妃は宮廷に召され、乾隆帝の貴人とされ、３年後に妾となり、さらに35歳のとき容妃（いずれも女官の位）となり、乾隆帝の寵愛を受けていたが、１７８８年に容妃の位のまま北京で病死し（享年55歳）、河北省遵化清東陵の妃園に埋葬されたというのが真相らしい。

墓廟は、建設後たびたび修復（特にタイルの張り替えなど）や拡張が繰り返され、１８７４（同治13）年の大改修によって、現在の中央アジア式のイスラム陵墓となり、そのときにモスクなども新たに建設された。庭園は広く、その一角に香妃が好んだという砂棗の樹がひっそりと残っている（図106）。この墓廟の隣には、この地方の一般市民の

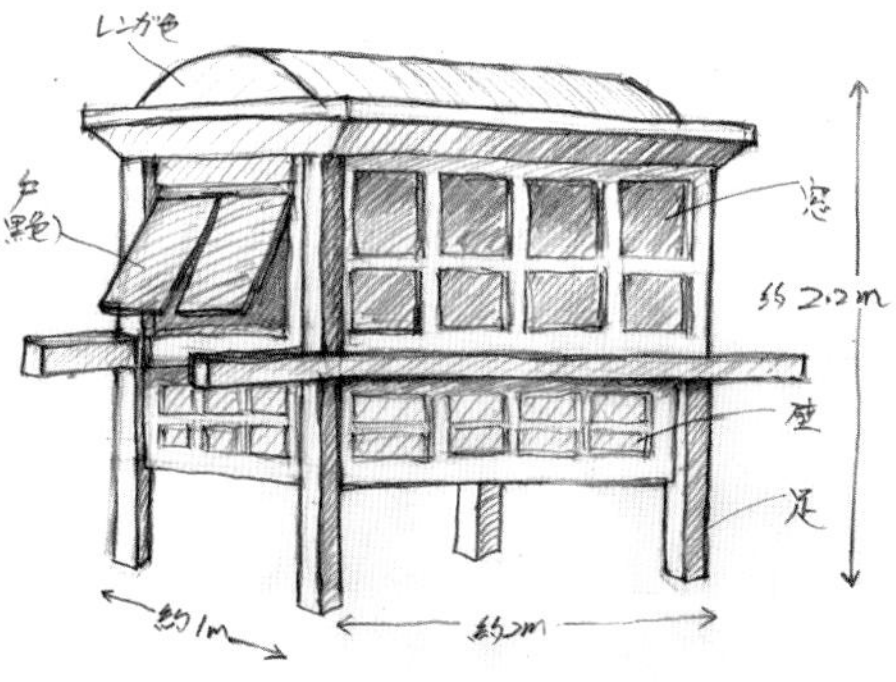

図 105　香妃の亡骸を運んだという伝説の木製輿
（スケッチ：今村）

図 106　廟園内にある香妃が好んだという砂棗の樹「金花銀葉」

かまぼこ型をした墓丘が多数並んでいる（図107）。

8　喀什《カシュガル》から紅其拉甫峠《クンジュラブ》・塔什庫尔干《タシュクルガン》へ

♣崑崙山脈と氷河

8月8日、9時30分に喀什市内のホテル「環球金座酒店」を出発し、カラコルム街道（中パ公路：国道314号）を南西方向に、塔什庫尔干を経てパキスタンとの国境の紅其拉甫峠に向かう。今回最奥への行程だ。

動物（羊や牛など）のバザールもあるというオパール村付近から、進行方向に、崑崙山脈の白く氷河をいただいた高峰が見えはじめる。そのなかで最も高いのは公格尔《コングール》山（7649m、崑崙《クンルン》山脈の最高峰）である。私たちが向かった日は砂塵が激しく、目をこらせばやっと白い山容を確認することができる程度であった。

山脈へ近づくと、その手前には広大な扇状地群が広がり、谷口付近には厚さ100mに達するような砂礫の河成段丘群や、さらに標高の高い砂礫の丘陵が分布し、その規模に圧倒される。「灰色の川」という意味の盖孜《ガイス》河は、名前が示すとおり氷河起源の粘土分を多量に含んで灰色に濁っていた。これはヒマラヤ、

図107　一般市民の墓の入口（右）と墓丘群

チベット、ヨーロッパアルプス、ロッキー山脈など、氷河が分布する山脈から流下する各地の河川に共通した現象である。
図108に喀什周辺の塔里木《タリム》盆地西端部と崑崙山脈西部の衛星写真を示す。この写真で明らかなように、塔什庫尓干や紅其拉甫峠は、塔里木盆地の反対側、崑崙山脈の西側の谷に位置する。

♣〝パミール高原の火焔山〟紅山

バスは、山地の入り口にそびえる紅山の麓（標高１７４０ｍ）に着く。紅山は〝パミール高原の火焔山〟といわれるように、全山が酸化鉄を含む岩石からなり、それこそ燃えるような紅さで、吐魯番《トルファン》の火焔山よりもはるかに火焔らしい色の山だ（図109）。

ただ、このあたりに来ると標高が高くなってだいぶ涼しくなるため、焼かれる暑さはない。山肌は新第三紀～第四紀の酸化鉄を含む赤色砂岩で構成されるため、紅山と呼ばれている。この砂岩層は急傾斜しており、地殻変動が活発な地域であることがわかる。私たちはこの紅山を背に記念写真を撮った。

紅山付近から、山岳を横切る先行谷沿いを上流に向かう。白く雪をいただいた公格尓《コングール》山の山頂部がときどき見える。蓋孜《ガイス》河の広い河原は砂礫で満たされ、灰色の水が網状に流れている。蓋孜河の流れは布崙《ブロン》湖へ向けて大きく西方に変わる。河川はさらに屈曲して深い峡谷を形成し、谷壁斜面は不安定となり、岩盤崩壊や渓流からの岩屑の流出が認められる。地質構造をよく観察することができ、結晶片岩・片麻岩・片麻状花崗岩などの変成岩類が分布する（図111）。

山脈内での氷河や河川による侵食と運搬はすさまじく、蓋孜河は深い峡谷となる。中国軍の検問所

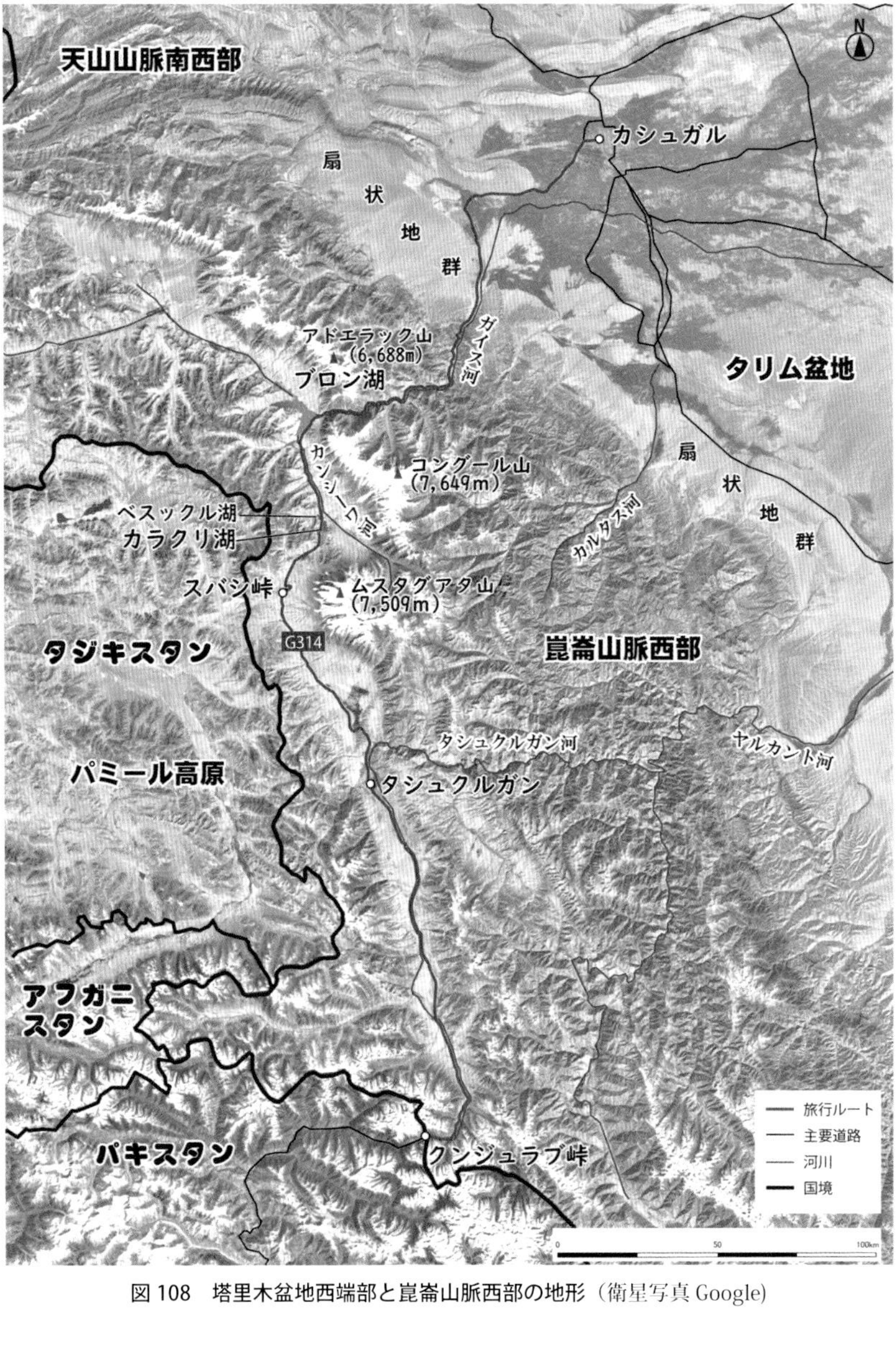

図 108　塔里木盆地西端部と崑崙山脈西部の地形（衛星写真 Google）

付近での褶曲構造の露頭を過ぎると、いよいよ山容や峡谷の状態は険しくなるが、谷底の所々に厚い堆積物の段丘や沖積錐（土石流の堆積地）が見られる。検問所からさらに約３㎞上流の標高２４００ｍ地点には、南方から巨大な氷河の堆積物（モレーン）やアウトウォッシュ（融氷河流堆積物）が分布し、その奥には雲のあい間に白く氷河におおわれた公格尔山の山頂が見える（図112）。この氷河は公格尔山北面から流下する最大のケライアイラク氷河であり、最終氷期には検問所の下流５㎞近くまで流れ下っていたらしい。

公格尔山頂と盖孜河谷底との比高は、最大５２００ｍに達する。山脈主要部で盖孜河と主稜線との比高は３０００～３５００ｍあるため、急傾斜の山腹は車窓から見上げても稜線が見えない地域もある。そうした箇所で土砂災害の危険性が脳裏をよぎった瞬間、偶然にも数日前に発生した土石流による道路の被災部に出くわし、復旧工事

図109　燃えるような赤い山（酸化鉄の含有の多い赤色砂岩）と盖孜河

図111　峡谷部では岩盤崩壊が多発

図110　崑崙山脈西部の紅山付近を流れる盖孜河

による交互通行のために、深い山中で専用バスはしばしば渋滞した。

♣布崙《ブロン》湖岸の白い山

布崙《ブロン》湖の手前の蓋孔県に検問所があり、5、6人の兵が念入りに検問している。各人にパスポートを提出させて、顔との照合をする。この先の塔什庫尓干《タシュクルガン》の先には西トルキスタン（キルギス共和国、タジキスタン共和国、アフガニスタン、パキスタンなど）の国々があって、密入出国や密輸入・密輸出などがあるからだろうか。

道路はきちんと舗装されていて快適だが、7月14日に洪水があって2日間通行できなかったそうで、まだあちこちで小谷からの土石流の流出によって道路が一部ふさがっている。復旧工事中で15分くらい待機させられた場所もあった。大雨がなく好天でも、雪解け水が小さくダムアップされ、それが間欠的に土石流として流下して道路を塞ぐこともあるようだ（図113）。

山脈主部を過ぎると標高3300m付近で視界は開け、眼下には背後の全山真っ白な沙山の布崙湖が現れた。以前は湖水の涸れた時期があったようだ。東西方向に細長い湖（布崙湖）が、冬には水がなくなり乾涸びて、底の白い沙粒（花崗岩質のマサに相当する砂）が、北西の季節風によって山腹へと吹き上げられて、あたかも雪が積もったように全山が真っ白に見える（図115）。とりわけ山麓部が

図 112　雲間に見える公格尓山頂（左奥）と氷河末端のモレーン

図 113　崑崙山脈西部，蓋孜河沿いの峡谷

厚く白い（図116）。典型的な湖畔砂丘である。

これほど真っ白で広大な湖畔砂丘も珍しい。2年前の西蔵《チベット》旅行のとき、青海湖のほとりでみた湖畔砂丘も随分広いが、これほど白くはなかった。湖やその周辺の沙粒が石英や長石類を多量に含む花崗岩質の岩石類や片麻岩類の風化物からなるためであろう。

この広い谷と湖の成因については、いま通ってきた山脈の隆起と、土石流堆積物やモレーン堆積物（氷河堆積物）が広い谷の出口を塞いだために生じた堰止湖の性格が強い。いまも周辺の山々から道路をのり越えて、下方の谷へ土石流が押し出されている様子がわかる。この地域でみられる岩石は変成岩類（片麻岩、花崗片麻岩、眼球片麻岩、結晶片岩、黒雲母片岩など）や花崗岩質の岩石が多い。現在、湖の出口でダム建設工事がすすんでいる。

この広い谷の西側の山々は東側の山脈ほどの

図114　カラクリ湖対岸の氷河群と旅行ルート（国道）

荒々しさはなく、高度も低く谷底も広い。地形から見ると、この付近から西の地域がパミール高原の本体ではないかという印象をうける。同様のことは南部の塔什庫尔干《タシュクルガン》地域でも指摘される。この広い谷の成因については、褶曲や大規模な断層などのテクトニックな地質構造を作る運動と、過去の氷河期に発達した巨大氷河による侵食により形成されたと推測される。

♣喀拉庫勒《カラクリ》湖：氷河湖

喀什《カシュガル》から南へ約２００km、塔什庫尔干《タシュクルガン》まであと１００km（２時間）の国道３１４号沿いに喀拉庫勒湖はある。布崙湖畔の白い砂山を過ぎて約１時間、15時ころ私たちは標高３６００mの喀拉庫勒湖に着いた。

　この湖は高山湖（氷跡湖）で水が澄んでいるため、ウイグル語で「黒い湖（カラクリ）」と呼ばれている。晴れていると湖面は青色に映えるという。広さは約６km²（周囲10km）、水深は約30mある。モレーン（氷堆石）によって南側を堰き止められた二等辺三角形の湖で、湖水はすべてカラコルム山脈からの清澄な雪解け水のため、どこまでも澄みわたっていて黒く見え、神秘な雰囲気が漂う（図117）。

　喀拉庫勒湖は、氷河の父と呼ばれる慕士塔格《ムスタグアタ》山（標高７５０９m）の東面に発達する、巨大なククサイ氷河を水源とするケンシーベルス川（慕士塔格山の

図 115　布崙湖湖畔の真っ白な湖畔砂丘

図 116　白い砂丘は山麓部ほど厚く堆積している

北から流下する河川）の堆積物・モレーンによる堰止湖である（図118）。湖の上流側は堆積物で埋められており、かつて湖の広さは現在の2倍以上であったと推測される。国道を隔てた反対側には、喀拉庫勒湖の3分の1くらいの小さい湖、ベスックル湖がある。ちょうど手をつなぐ姉妹のように見えるところから、「姉妹湖」とも言うそうだ。こちらもやはり澄んでいて黒っぽく見える。喀拉庫勒湖の湖面は、一日の中でも、時間によってさまざまな色合いを見せるという。

　天気は快晴で、湖の背後には万年雪を被った公格尓《コングール》山（標高７６４９ｍで中国で3番目、パミール高原で2番目の高峰で、カラコルム山脈のチョグリック峰に次ぐ）や慕士塔格山などがそびえる。キルギス語では「庫的尓都布喀」つまり「灰色の山峰」と呼ばれるそうだ。カラクリ湖へ着いた頃、慕士塔格山の山頂がわずかに見えていたが、しばらくすると雲がかかり見えなくなった。一方、公格尓山群は中腹以上が雲におおわれ、山頂はまったく見えず残念であった。山は斜面が緩く、東斜面は急な非対称山稜で、東斜面または北斜面の氷河の規模が大きい傾向にある。これは日本の北アルプスの例と似ている。それでも公格尓山群や慕士塔格山群では西斜面にも多くの氷河がかかり、見ごたえがある（図118）。

　喀拉庫勒《カラクリ》湖畔には「西天理池」と天然石に刻んだ大きな石碑がある（図119）。それらが氷河で運ばれてきたモレーンの一部たる〝迷子石〟であることは、一

図 117　喀拉庫勒湖と崑崙山脈からの氷河群

見してわかる。今村や上野は持参した衛星写真上に一条一条の氷河を描いていった。ただ、最上流部は万年雪との区別が判然としない。考えてみればそれが自然というものだろう。万年雪の谷側の一部が谷沿いに集まり下って氷河となるわけだからだ。

私たちにとってモレーンによる堰止め湖自体も珍しいが、うれしいのは、その背後に万年雪をいただいた山々、公格尔の諸峰が峨峨としてそびえる姿と、その間に見える細長い山岳氷河群の存在だ。しかも、氷河を10条くらいまとめて見ることができるのである。私たち地形・地質屋はその姿に感嘆の声をあげて、飽くことなく眺め続けた。

その後、周囲を見渡すと喀拉庫勒湖の湖畔、国道３１４号との間に、美しく飾り立てた大きな包《パオ》が３つと、その間にトイレ（その頃下し気味の私たちにとって、その存在自体が大切で

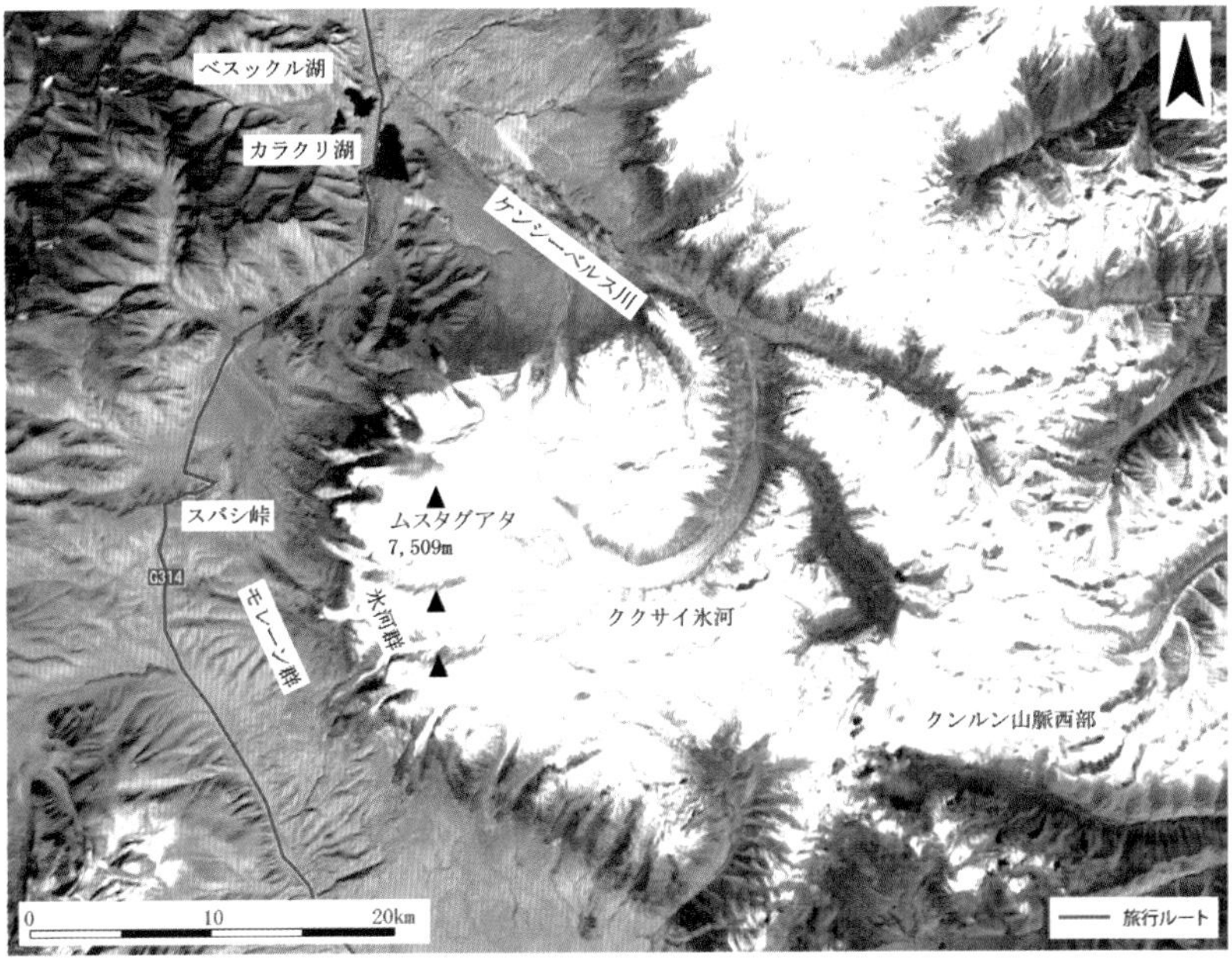

図 118　喀拉庫勒湖上空から望む慕士塔格の氷河群（衛星写真 Google）

あった）がある。時計を見るとちょうどお昼時間であり、私たちは広々とした一つのパオのなかで昼食を摂った。ただ皆、下すのが心配であまり多くは食べられなかったが…。

昼食後、慕士塔格山の西麓を通り、塔什庫尔干《タシュクルガン》へと向かう。喀拉庫勒湖からしばらく南へ行くと、慕士塔格山から流れ出た大規模なモレーン堆積物により塞き止められて形成された広い谷があり、そこから蘇巴什《スバシ》峠へ急な道路を走る。蘇巴什峠（標高３８７５ｍ）は見晴らしが良く、眼下にはいま来た広い谷とそれを囲む山々の山岳氷河、東には間近に慕士塔格山が望まれる（図120）。地形的には谷中分水界である。峠には過去の氷河のモレーンと思われる砂礫が雑然と堆積しており、花崗岩類や変成岩類が目立つ。

蘇巴什峠を南に向かって標高２９６０ｍまで下る。この地点で南から流れてきた塔什庫尔干河の渓流が合流し、東側の山地を横切って塔克拉瑪干《タクラマカン》沙漠（塔《タ》里木《リム》盆地）へ流下する（図108）。この北流してきた渓流の広い谷沿いに登ると、きれいな什庫尔干市街地に至る。什庫尔干河は叶尔羌《ヤルカンド》河の支流であり、叶尔羌河の上流域に入る。叶尔羌河は塔里木盆地の西部〜北部を流れる塔里木河の上流部にあたり、崑崙山脈を横断している大河川であり、この河以東を崑崙山脈と定義している文献もみられる。

図 119　喀拉庫勒湖畔（右）と「西天理池」と刻まれたモレーンの迷子石（左）

♣塔什庫尔干《タシュクルガン》から紅其拉甫《クンジュラブ》峠へ

塔什庫尔干《タシュクルガン》市街地は、叶尔羌《ヤルカンド》河支流の塔什庫尔干川流域に広がっている。この地域は北北西〜南南東方向に長さ約150km、幅5〜15kmの広い盆地状の谷となっている。この地域でも塔什庫尔干をはじめ、2、3カ所の地域で谷の塞き止めによる湖〜湿地の形成が見られる。

塔什庫尔干からパキスタンとの国境の紅其拉甫峠までは、広い谷の両側には氷河で形成されたU字谷が数多く分布し、その上方には氷河が懸かり、押し出されたモレーンの堆積が認められる。この広い谷の成因については、褶曲や断層などの地質構造運動が考えられるが、山麓線に沿ってU字谷特有の急崖が見られるので、古い氷河期には大規模な氷河が存在していた可能性がある。後氷期になり氷河が消滅した後に周囲の山地から砂礫が供給され、谷が厚い堆積物で埋められて、広い平坦地が生じたと考えられる（図121）。その後、山地

図120　慕士塔格山と氷河

図121　山麓に移動した遊牧民のパオ
8月であるが崑崙は晩秋である.

図122　数段に段丘化した塔什庫尔干南方の扇状地

図123 氷河で形成されたU字谷
背後の山は崑崙山脈の峰々.

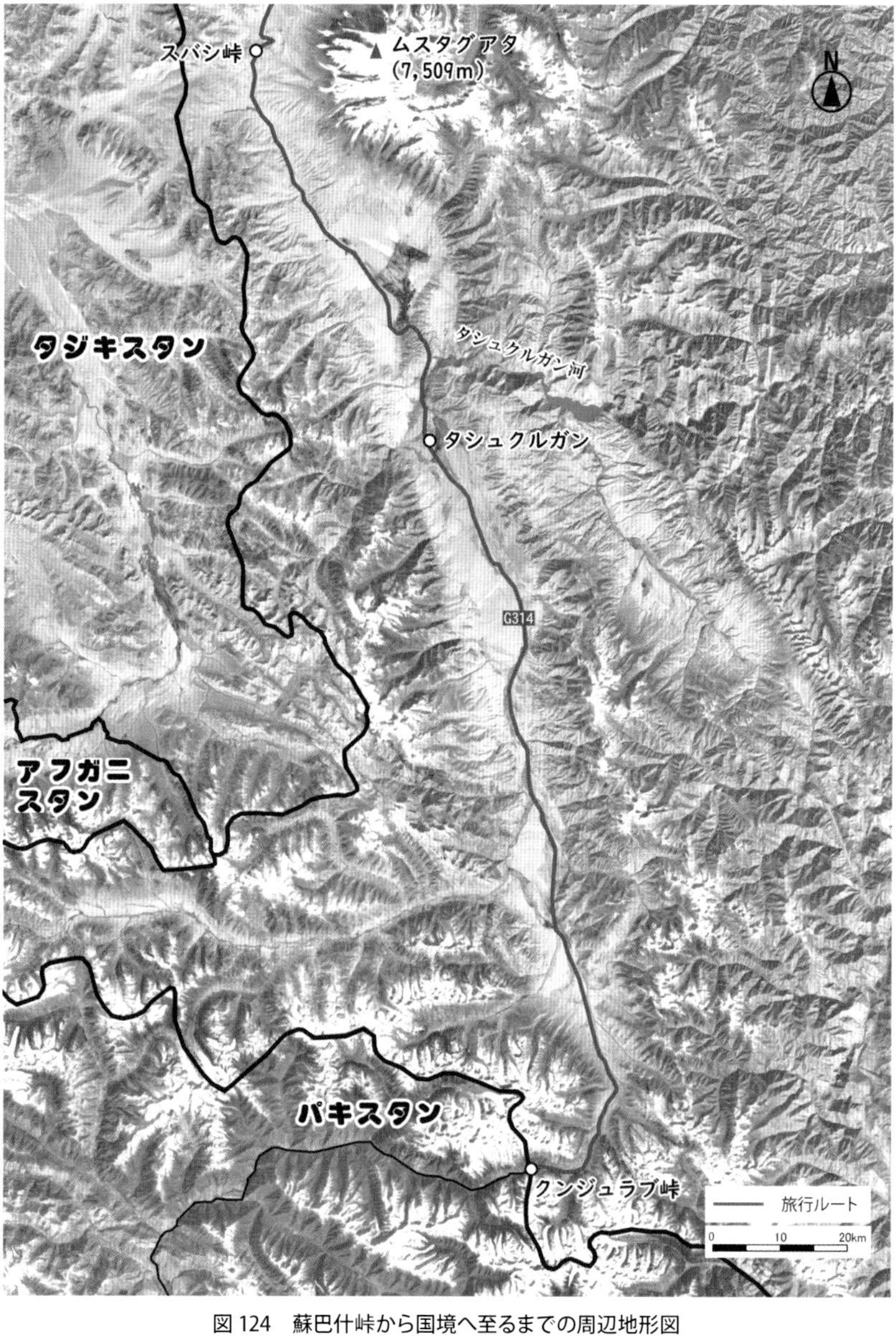

図 124　蘇巴什峠から国境へ至るまでの周辺地形図

の継続的な隆起や気候変動によって段丘化したり、新たな扇状地や土石流堆積物のために流路の一部が塞がれ、湖や湿地が形成されたのであろう（図122）。

塔什庫尓干の街を通り越して少し行ったところに入山許可をもらうための検問所があり、全員パスポートの提出が求められる。19時50分ころ、峠まで2、3㎞のところで再度検問を受けたあと、5分くらいで峠に着く（図124）。国境の峠の200mほど手前でバスを降りて、歩いて国境へ行く。ちょうど20時ころだ。何人かは高山病で峠まで行かず、喀什で購入した黒い空気枕のような酸素ボンベから酸素を吸いながらバスで待機していた。気温は18℃と寒いので、ウインドブレーカーをはおる。

峠の手前100mくらいのところには、中国側の「中華人民共和国」と大書したゲートがあり、その上はオフィスか展望台になっている（図125）。この少し先が中国とパキスタンの国境で、標高4693mだ。塔什庫尓干の標高が3100mだから、約1500m登ったことになる。持参した2台の高度計はいずれも4490mを示していた。

私たちは、片側には中華人民共和国、裏側にはパキスタンと書いた国境標を背にして記念写真を撮った（図126）。パキスタンの国境警備隊員とも記念写真を撮る（図127）。中国側の国道314号が舗装された立派な道路であるのに対し、パキスタン側の国道35号は砂利道だ（図128）。

図125　パキスタン側からみた中国のゲート

図126　国境標を背にして記念撮影

太古の昔からこの国境、紅其拉甫峠を越えて、人々は西トルキスタンの地へと行き来した。唐代の玄奘は往路にはもっと東のトクマクから天山北路へと回って、西トルキスタンの国々を通って印度へ入っている。そして、帰路時にパキスタンからこの紅其拉甫峠を越えて中国に入り、塔什庫尔干を経て喀什へと向かった。

♣塔什庫尔干《タシュクルガン》

塔什庫尔干という地名は突厥《とっけつ》語で、「石の城」とか「山城」という意味だという。おそらく、今の市街地（図131）から近い「石頭城」（後述）の存在が大きく、その城名に由来するのであろう。パミール高原に位置し、面積２・４万㎢、人口４万人（２０１９年）の街である。タジキスタン共和国と同じタジク族（中央アジアのイラン系民族：92％）のほか、漢民族６％、パキスタン系ほか２％と、12の民族が暮らしているというから、漢代の昔からあまり変わることのない多民族の街といえよう。ガイドのグリ・チヒラさんの説明では、タジク族はタジク語を話すが、文字はない。このため、学校ではウイグル語と中国語を学んでいるという。標高３２００ｍだから、真夏でも大変涼しい。冬にはマイナス20℃まで下がるそうだ。

西域は、漢代にはラテン系の諸民族が分散・定住していて、「西域三十六国」

図 127　笑顔で写真撮影に応じるパキスタンの国境警備隊員

図 128　中国側からみたパキスタンの道路（砂利道）

と総称されていたが、塔什庫尓干はそのなかでは「浦犂国《ほり》」と呼ばれ、西域都護府の管理下にあった。唐代にはパミール越えの関所として、１００人以上の軍人がいたるところに駐屯していたという。

前漢の張騫《ちょうけん》（?—前１１４）以降に開かれたこの西域の道（中国・パキスタン公道）は爾来、多くの人びとの努力のうえに開かれた公道で、中国の絹も和田《ホータン》の玉《ぎょく》もこの道を通って中国からパキスタンなど西トルキスタンの国々、さらには西のヨーロッパや北アフリカへと運ばれていった。要衝の地、喀什《カシュガル》から

図 129　塔什庫尓干周辺地形図（衛星写真 Google）

図 130　塔什庫尓干へ至る山岳風景

図 131　塔什庫尓干市街地から崑崙山脈を望む

パキスタンまでは6カ月をかけて荷物を運んで行ったという。今はこの間をバスが通っている。

『大慈恩三蔵法師伝』によると、玄奘三蔵はインドからの帰路（往路ではこの付近は天山北路をとっている）、喀什に至る前にこの地に20日ほど滞在している。玄奘は「朅盤陀《かつばんだ》国」（「山道」の意味で、今の塔什庫尓干《タシュクルガン》のこと）の地誌について『大唐西域記』で次のように述べている。

> 朅盤陀《かつばんだ》国は周囲二千余里ある。国の大都城は大きな岩山に基礎を置き、徙多河《ヤルカンド》を背しており、周囲二十余里ある。山々が連なり川原は狭隘で、穀作は僅かで、豆・麦が豊富である。樹木は稀で、花・果《なりもの》は少ない。丘も野も荒れはて、城《まち》や村も住民は少ない。俗《ならい》として礼儀なく、人びとには学芸も乏しい。性質は荒荒しく、武力の点でも驍勇《ぎょうゆう》（強く勇ましいこと）である。容貌は醜く、氈《フェルト》（生糸や練り糸で織った地の厚いつやのある織物）や褐《けおり》（粗い毛で織った毛衣）を身に着けている。文字・言語は佉沙国と同じである。さりながら信仰は心得ていて、仏法を尊崇している。伽藍は十余ケ所、僧徒は五百余人、小乗教の説一切有部を学習している。

しかし、街に仏教の伽藍らしきものは見当たらない。その後、回教徒に破壊されたのであろうか。玄奘は『大唐西域記』にこの国の伝説について詳しく記している。20日間も滞在したなかで、多くの歴史的情報を得たのであろう。玄奘による当時の王から直接聞いた、今の塔什庫尓干の前身・朅盤陀国の建設の伝説の要旨を示すと、次のようになる。

この国の先祖は、パミール高原にいたペルシャの王が中国から妻をめとり、迎えここまでやってきたところ、兵の動乱に遭ったので王女を険しい山に隠した。王の命により警護の者で囲んで警備をしていたが、３カ月ほどで賊軍も平定されたので帰路に就こうとしたところ、王女は妊娠していた。従臣たちは驚いて「その原因となる首犯を探して処罰しよう」と言って訊問したが、事実は分からなかった。そのとき王女についた侍童が従臣に「咎め立てしないでください。これは夫人が神と会われてのことです。毎日正午に一人の偉丈夫が太陽のなかから馬に乗ってきて、ここで会われたのです」という。従臣は「もし、そうだとしたら、どうしたら自分たちに罪がないことを王に晴らすことができようか。帰国しても処罰されよう。ここに止まっていても兵をよこして討伐されよう。如何したらいいか…」。皆の者は「これは誰かが処刑を受けるものでもありません。国外に出て、しばらく様子を見ましょう」ということになり、国外のこの地の岩山の上に御殿を築いた。周囲三百余歩のもので、御殿の周りに城（タシュクルガンの石頭城）を築き、王女を主君として官を設け法を制定した。月が満ちて、それは見目麗しい男子を出産した。母は摂政となって政務をとり、子供は王を称した。

その子は空中を飛行し、風や雲を操り、その威徳は広く周辺地域をおおい、教化は遠方にまで行きわたったので、近隣諸国はみな臣従した。その王の寿命が尽きるとこの城の東南百余里の大きな山の石窟中に葬った。その屍体はミイラ化して、今も損壊しておらず、ちょうどやせた人が安らかに眠っているようである。それで時折その衣服を取り換えて香花を供え、子子孫孫今日に及んでいる。その先祖の人は母は漢土の人であり、父は日天の人であるため、「漢日天種」

と呼んでいるのである。王族の容貌は中国人と同じで、頭には中国人のような冠をかぶっているが、身には胡服を付けている。

玄奘がこの伝説をなぜかくも詳しく記したのか分からないが、「中国とこの胡の地とは、古来このように親密であるべきいわれがあるのだ」ということを明記したかったのかもしれない。

♣かつての塔什庫尔干《タシュクルガン》の首都・石頭城

8月9日、9時35分に塔什庫尔干のホテル「皇冠仮日酒店」を出て、車で5分ほどで石頭城へ着く。石頭城遺跡は、塔什庫尔干塔吉克《タジク》自治県北側の小高い丘の上にある。高いといっても城（外城）は石段を20～30数段くらい積んだ高台にすぎない。その位置は、大きな扇状地の末端にあるところからすると（図132、133）、人工的な盛り土であることは明らかだ。

外城と内城に分かれており、階段を上ったところが外城である。「石頭城遺址」の表示の石碑は、漢字とウイグル文字とで書かれている。外城の城壁の端から塔什庫尔干の街全体と背後の山々がよく見える。塔什庫尔干の街が緑が多いのに対して、石頭城にはほとんど植生がな

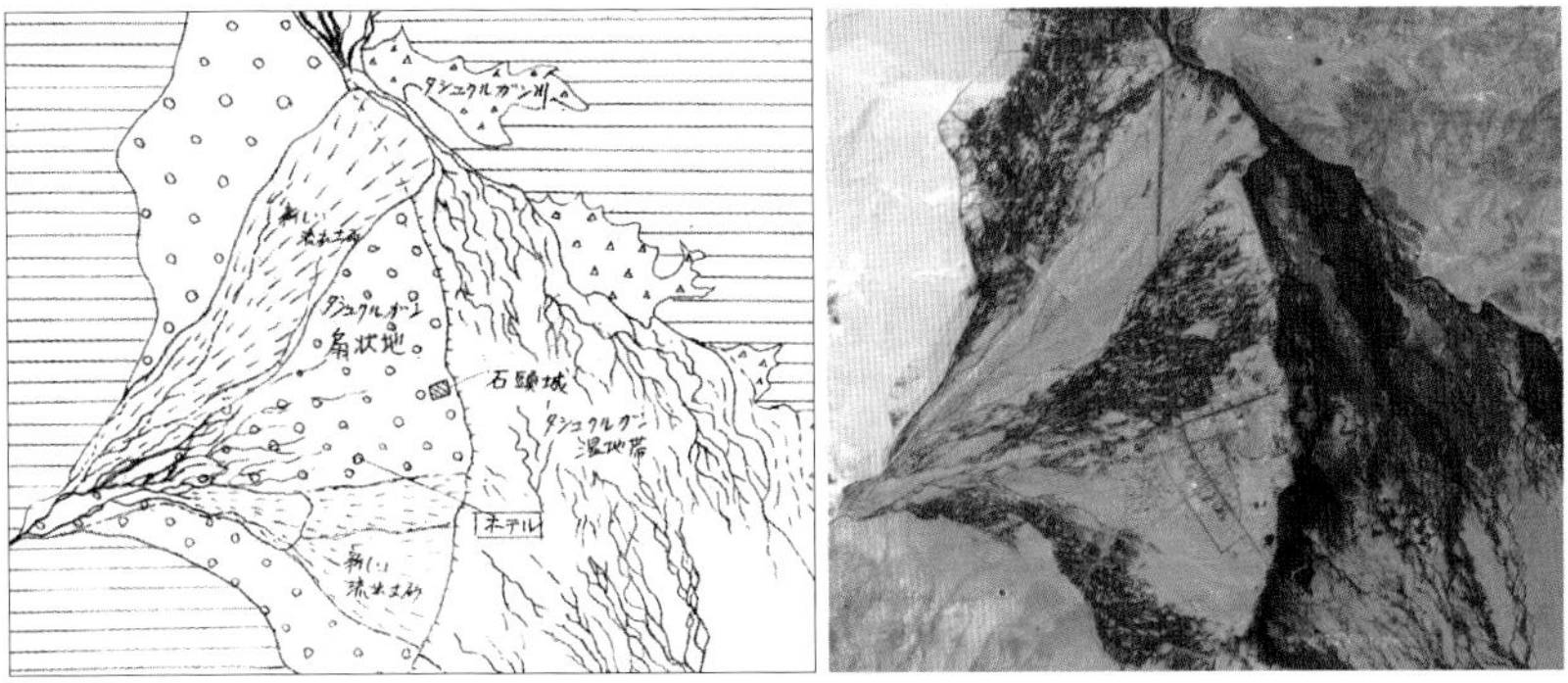

図132・133　塔什庫尔干扇状地における石頭城の位置づけ（右：黒っぽい部分は植生のあるところ）とその判読図（左：今村原図）

い。城壁が破損してガレキ状になったところから歩いて5、6分のところに、こじんまりとした内城がある（図134）。

外城の周囲は3・6㎞ほどで、明確な古城の輪郭だけが辛うじてみえる城壁（図135）以外は、壊れた砲台や古代の住宅地などの遺跡が、ちょうどガレキの寄せ集めのように見える。これに対して内城はかなり保存がよく、外城の内側に30～40mほどそびえてこじんまりと立地しているが、堅牢に作られていて、古代の城であることをうかがわせる。内城は石と土で作ったレンガを混ぜて造られており、周囲の長さは1300mだという。そのなかに役所や軍政役人の住宅地・寺院などがある。とくに、城門や城壁・城塀などの保存がいい（図136）。

この城は、新疆のなかでは古代シルクロードの中でも有名な古城らしい。ガイドのグリ・チヒラさんは、中国には三大石頭城があり、その一つが

図135　辛うじて残る外周の城壁

図134　外城内から内城を望む

図137　石頭城の東側の湿地帯に設けられた複数のイベント・ステージとその間の連結木道

図136　比較的保存のいい城門

塔什庫尓干の石頭城で、新疆ウイグル自治区内の重要文物保護単位に指定されているのだという。「タシュ」とはタジク語で「石」のこと、「クルガン」とは「城」のことで、この城の名前がそのままこの街の名前になっている。前に建国のエピソードを玄奘の『大唐西域記』から引用したように、タジク族の人たちが建立した朅盤陀《かつばんだ》国の首都であったところである。唐が西域を支配していたころも、やはりここが漢蒲犂国の首都であったと考えられている。

石頭城の東側は低い湿地帯になっており、今はそこにイベント用の大きな舞台が離れ離れにいくつも作られていて、その間は板張りの道路で連結されている（図137）。

9　トイレット談義と入院奮闘記

♣トイレット談義

今回の旅行では、1名（神谷）を除く男性のほぼ全員が随分とトイレにお世話になった。印象深いことなので、ここで改めて〝トイレット談義〟を記しておきたい。

旅行4日目の8月5日、庫車《クチャ》へ行く途中の高速道路わきの「便利屋」という売店で、2人がそれぞれに肌色の壺に入った96元の白酒（約50度）を買った。その夜、酒好きのメンバーが集まって車座になって吐魯番で買ったワインやその白酒を十分に飲んだ。今回の旅行でメンバーの多くが一堂に会して飲むのは初めてであった。年配組は早々に部屋に引き揚げたが、若い連中は深夜まで飲んでいたらしい。

次の日の昼過ぎ、大の方は朝ホテルで済ませてきたのに、昼にも催してきた。「毎日朝から随分食べているからな…」と思いつつ、トイレ通いが始まった。ところが、多くの人が下しているという。これまで海外旅行で下した経験のない今村も、今度はどうも様子が違うようだ。また一人は、他人の談など聞く耳持たずで、中国旅行を楽しむにはまず中国トイレに慣れる必要があり、それには日本での常識を捨てることからはじめるのがいい、などと真面目な顔で持論を展開するのだが、すでに数名が一日に何回もトイレに通うことになった。どうも前に記したように、毎日1、2本を飲む硬度の高いペットボトルの水の影響が大きいようだと、皆昨夜の深酒を否定して納得し合う。

高速道路を喀什《カシュガル》へ向けて走るのだが、ところどころにトイレがある（図138）。外観は割と立派に見えるが、中はいわゆる「ニーハオ・トイレ」（図139）に近い。一応一つひとつは板壁でセパレートされているが、入口に戸はない。だから、中で用を足している人の姿が通路から丸見えである（図140）。2時間ごとのトイレ休憩になると、一斉にトイレに駆け込むのだ。大は一つのトイレ舎に4つか5つの便器があり、そこが我々のメンバーでいっぺんに塞がってしまう光景が続く…。中国のトイレは通路側を向いて座るのが通例だが、私たちが一斉に駆け込んで日本式に壁に向かって座るものだから、通路からは5つも並んだ尻が丸見えである。そのさまは滑稽でさえある。が、当人にとって人が通るとかト

図 138　高速道路のトイレ外観
表 1（後掲）のレベル 2 が多い.

（上側が通路．この正面に台所の「流し」に似た細長い小便用トイレがある）

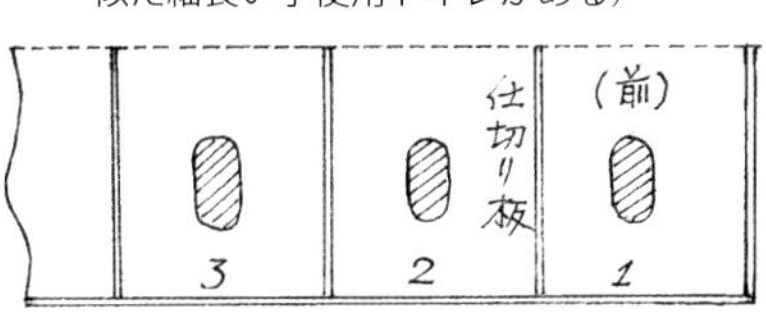

図 139　高速道路沿いの一般的なニーハオ・トイレ（大の方）

イレがきれいとか汚いと言える状況ではない。トイレ休憩のときに下しておかないと、次のトイレの場所までもたないと困るからだ。

8月7日午前中、克孜尓《キジル》千仏洞の見学の前、売店に荷物（カメラ）を預ける仕組みになっており、預けて早々にトイレに走った。そこのトイレ（4連くらい）もやはり「ニーハオ・トイレ」式で、入口の戸はない。便槽に当たる部分は単一の槽ではなく、横方向に隣の部屋へと幅30㎝くらいの溝状に貫通していて、常時水が流れている（図141）。いわば、「天然式水洗トイレ」だ。下に糞便の堆積はなく、落下した〝作品〟は次々に流水に運び去られるから、「いやあ、進んでるー」と言いたくなる。そういえば、昭和40年頃の立山温泉（今は湯船が残るだけの廃墟になっている）のトイレがこの「天然水洗トイレ」であったし、昭和45年頃の飯豊山の土石流調査で泊まった山小屋のトイレも同様の方式であった。

5日の昼食は2時半ころ高速道路わきの小さな飯屋でどんぶり一杯のラグメン（具は4種類）を食べたが、食べ終わるや数名がトイレに駆け込んだ。用を済ましておかないと後が心配だからだ。店の裏の畑のなかにある離れの木造トイレは、入口は半間ほどのドア（これも板だが、鍵はない）があり、トイレの四辺は板張りで囲ってある。ところが、中は板張りの床で、2人が並んで大ができるように長方形の切り込みが2つ並んでいる（図142）。この時は先客の真下《ましも》

図140　ニーハオ・トイレ

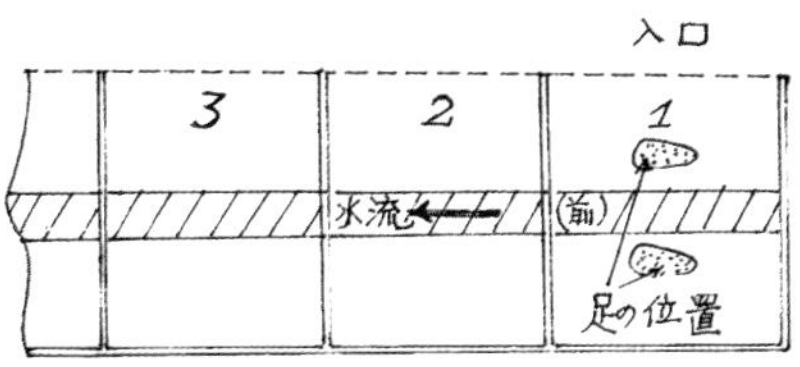

図141　克孜尓千仏洞のニーハオ・トイレ

が出た後で、1人で入ったからいいようなものの、どうも2人で並んで〝雉を撃つ〟気にはなれない。床はギシギシきしみ、床が抜けて便槽に落ち込むのではないかと心配しながら、そっと用を足した。

高速道路沿いの公式トイレはほとんど同一形式が多い。小の方は道路側半分に細長い長方形の台所の「流し」のような形のブリキ張りのところに、横一列に並んで放尿する（男の場合）。大の方は先に記したように、4つか5つの個室で一応上から下まで仕切りはあるものの、入口の戸はないから、中は通路から丸見えである（女性用も同様？）。「ニーハオ・トイレ」の進化型（？）のようなものだから、隣人と話をすることはできない。

1992年に訪れた北京の紫禁城の中（といっても中庭だが）にあったトイレはまさに「ニーハオ・トイレ」で、仕切りの高さは60㎝くらいだから、しゃがんでも隣人がよく見える。入口を向いて座るのが正式だ。隣同士会話をしながら用を足している中国人もいる。入口に戸はないから、用を足している前は通路で観光客が頻繁に行き来する。入った当初は気になったが、おかしなもので両隣も同じだと思うと、2、3分もすると、入口の戸がないのも全く気にならなくなるから、おかしな心理状況だ。

高速道路沿いのトイレは水洗ではなく、単なる落下・堆積方式だから、冬は凍結するからいいのだろうが、夏はかなり臭う。落下距離が小さいからだ。富

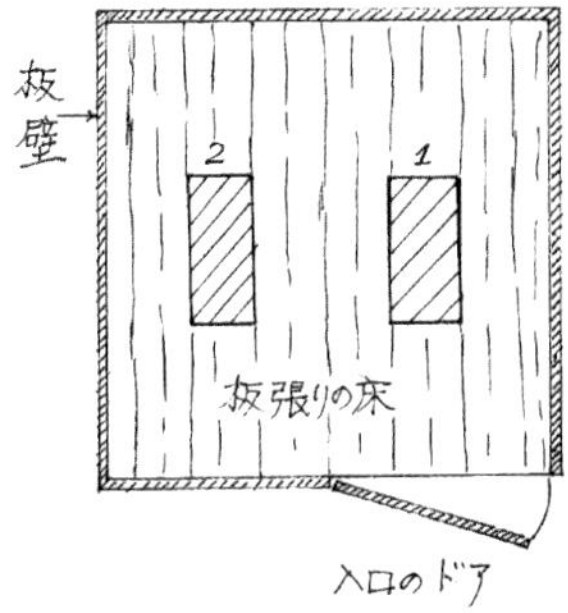

図142　小さな飯屋の裏の別棟のトイレ

士山5合目の「お助け小屋」のトイレ（小屋の前の別棟になっている）での落下距離は5、6ｍあった。大が終わって塵紙を使って捨てると、風でヒラヒラとどこへとなく飛んでいく…。目の前に南アルプスの連山を眺めながらの〝朝のお勤め〟はなかなか爽快であった。チベットのポタラ宮殿のトイレの落下距離は15ｍくらいあって、はるか下の黒色粘板岩のところへ落下していく。そのあとがどうなっているのかは知らないが、最大の落下距離のトイレだ。だから、もちろん臭いがとどかない点は、なかなかいい。

メンバー数名（特に上野・長田）は几帳面に今回の旅行中のトイレのランク区分をしていた（表1）。なかなか研究熱心だ。上は5つ星、下は1つ星というわけで、「ここのトイレは四つ星で、なかなかいいですよ…」と男性たちに評価されると、ご婦人方もいそいそと出かける。だが、下している時には一つ星であろうといくつ星であろうと、星の数は問題ではないのだが、余裕があるときにはやはり多い星のところがいいのは、もちろんである。

ところで、中国のトイレでは今回のランキングで4つ星以上に該当する水洗式でも、トイレットペーパーは流してはいけない。使用済みのペーパーは隅にあるくずかごに入れる習慣になっている。特急列車のトイレも同じだ。我々にはこの習慣がないのでうっかりしてペーパーを流してしまいがちだが、配水管が詰まってトイレが使用できなくなる。

表1　トイレのランク区分

ランク	個室の程度	仕切りの有無	水洗状況	臭気	例
★★★★★	個室	ドア（鍵あり）	水洗	問題なし	最高級ホテル・国際空港
★★★★	個室	ドア（鍵なし）	水洗	問題なし	大都市のレストラン・地方空港
★★★	側壁のみ	無	自然溝流式	問題なし	地方の食堂・観光地
★★	側壁のみ	無	無	有	地方の食堂・観光地・高速道 PA
★	側壁または無	無	無	異常に有	観光地ほか

（上野・長田作成）

吐魯番《トルファン》から庫車《クチャ》までは640㎞あり、これを14時間かけて走った。途中、何度ものトイレ休憩があったが、ある割と小ぎれいなトイレの小の方の壁に「温磬提示　往前一小歩、人類文明一大歩」と書いた張り紙があった（図143）。「やんわりと申し上げます　前に一歩進むのは小さな一歩ですが、人類の文明にとっては大きな一歩ですよ」と言った意味だろうか。日本にもこの類の張り紙は多いが、トイレの貼紙に「文明」を持ち出すとは、さすがにかつての世界の〝文明大国〟らしい、と思ったものだ。

♣入院奮闘記

事の発端は、前項で詳しく触れたように、硬度の高いペットボトルの水の影響である。旅行開始4日目の8月5日夜、我われツアー一行（の一部）では恒例となった車座になっての部屋飲みに勤しんでいた。宴も無事終了し、「明日もあるさ」と解散して寝についたその夜、メンバーの魯は突然の激しい吐き気と腹痛に襲われた。その夜の惨状は凄まじいものであるが、ことがことなので文字にすることはできない。ホテルを出るとき、大奮発して50元のチップを置くことを忘れなかったことからも、想像していただけよう。

——私（魯）の苦闘の日々は8月6日の朝から始まった。体調はいっこうに優れず、その日午前の行程（蘇巴什《スバシ》故城・克孜尔《キジル》千仏洞）もキャンセルし、バ

図143　小ぎれいなトイレの入口と男性トイレ小便器の前にある標語

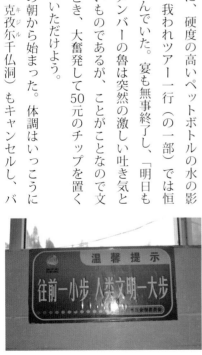

スのなかでただひたすら呻いていた。午後になっても同じような状況だ。「何のためにここに来たのか」と、無い気力を振り絞って克孜尓朶哈《クズルガハ》千仏洞・烽火台と庫車《クチャ》の市街観光に参加したものの、体はだるくて現地ガイドの説明も一向に耳に入らない。酒はおろか、食べ物すらも入らない状態が続いていた。ありがたいことに、翌7日は庫車から喀什への移動日で、下車しての観光は無い。体調は依然優れないものの、一日バスの中で休んでいればそのうち良くなるであろうと高を括っていたのだが、その想像は大変な誤りであることに気付いた。

ここまで来ると、さすがに単なる二日酔いとは考えられなくなっていた。周囲の参加者も、ごく一部の例外を除くと、大なり小なり体調を崩している。どうも大量に飲むペットボトルの水そのものの硬度が日本と比べて著しく高い（日本の水は硬度の低い軟水である）のが主な原因ではないかと、私たちは考えていた。女性2人と男性1人を除いて全員が下痢しはじめたからだ。吐き気の方はずいぶん良くなっていたのだが、下痢は全く治まらない。

食欲がないので食事をとらないのはもちろん、下痢対策のために水分の補給も控え、ここ2日ほどは薬以外何も口にしていないのである。しかし、下痢は一向に治まらない。こいつはヤバイぞ…、と確信した。夜、喀什《カシュガル》に着いても体調は改善しない。翌日は今回のハイライトでもあるクンジュラブ峠への観光である。

8月7日深夜、ツアーマネージャー（日本人添乗員）と現地中国スルーガイド（漢族の李さん）、および喀什のガイド（グリ・チヒラ女史）に連れられて、喀什地区第一人民病院（地区最大の最新医療設備完備）にタクシーで向かった。しかし、館内の雰囲気は異様である。館内は薄暗く、そこかしこに目をギラギラとさせた人々がうずくまっている。多くは子供連れのようだ。彼らはとくに治療を受けるわけでもなく、ただ何かの加護を求めてそこにいるようにも感じられた。

診察してくれた医者は、頭の良さそうなウイグル族の若い女医である。通訳を介して症状を説明すると、女医は、便の様子を見ないと分からないから便を出せと言う。だが、出るものはすべて出尽したのか、排便の気配は全くない。女医は「下痢をしているのなら出るはずだ」というが、魯は「出ない」との一点張りの押し問答が続いた。ついに女医は小さなお皿（便受用）を一枚差し出して、血液検査にとりかかった。血液検査で気になるのは衛生面だ。注射針の状態が気になる。幸いなことに、それは杞憂であった。注射器は綺麗に洗浄されており、注射針はきちんと抗菌パックされたものを一人一人個別に使っている。この点に関してこの病院は安心だと思った。

結果が出るまでしばらく待てといわれたので、ぽつねんと一人時間を潰す。その後、下された診断は、翌朝までの入院加療（点滴）というものであった。深夜に突然の入院。しかも大して重症ではないとなると、通されるのは当然、相部屋（他は4人のウイグル族）である。衛生面に加えてエアコンは無い。部屋の中にはトイレが設置されており、下痢患者なら好都合であると脳裏をかすめたが、いまは逆の状態である。部屋には深夜と思われるのに、患者家族の見舞客がいる。一晩中付きっきりなのだろうかと思ったが、ほどなくして消灯時間となり、帰っていった。

喀什の病院の一室にガイドの李さんと2人で泊まり込みの治療である。病室のウイグル族は、呻き声も寝言もウイグル語だ。しかも大いびきの大合唱と来ている。それでも相当疲れていたのであろう、ほどなく眠りについた。

2～3時間が過ぎたであろうか、眼を覚ますと空は白み始めている。外からはコーランの読唱が響き渡り、ここは喀什であることに気づく。目を覚ますと同時に、ガイドの李さんが眠そうに目をこすりながら部屋に入ってくる。彼はホテルに戻らず一晩中、病院の椅子に座って看病していてくれたのだ。もう帰れるのかと聞いたら、まだ点滴が半分を過ぎたくらいだという。おそらく、本日の行程に間に合ったとしてもギリギリであろうとのこと。「これで最後」と言われた点滴パックは、すでに6本目に達していた。後はこの点滴が終われば退院だという。

ここから先は時間との戦いとなり、李さんは腕時計を盛んに気にしながら、看護婦がいないのをこれ幸いと、「ちょっとネジ緩めますね～」とにっこりと笑いながら点滴速度を操作し、滴下速度を勝手に上げたではないか。とはいえ不安げな顔をする李さんに「全然大丈夫ですよ」と笑顔を見せる。だが、じつは大丈夫ではなく、かなり痛い。そんなことはお構いなしの点滴…。点滴液の総量は2500cc。「一晩でこんなに点滴打つ奴、初めて見た」とは、ガイド李さんの弁であった。

点滴後はそそくさとタクシーに乗り込み、ホテルへ向かった。出発時刻を大幅に過ぎて待ってくれている仲間の待つバスの中に満場の拍手で迎えられ、その後、体調は刻一刻と良くなっていった。

図 144　魯がひときわ世話になった現地ガイドの李さん（左）と日本人添乗員（右）

10　シルクロードの時差

中国西端の紅其拉甫峠《クンジュラブ》付近は東経75度、東端の黒竜江省の三江平原東端の撫遠《フーエン》は東経１３８度である。ということは、中国の東西両端では63度の経度差がある。経度15度で1時間の時差があるから、両端間では4・2時間の時差があるわけだ。

米国は時差制を採用しており、本土だけでも4つのタイムゾーンがある。ところが中国は、あの広大な国土を北京時間のみで管理している。今回旅行した新疆ウイグル自治区内ですら、紅其拉甫峠の経度75度と吐魯番《トルファン》の約90度との間にはほぼ1時間の時差がある。日本と北京（中国全土）の標準時には1時間の時差があるが、中国全土には時差がないのだ。だから、真夏でも喀什《カシュガル》付近では朝起きるときは薄暗いし、午後9時といっても明るい夕方にすぎない。今回の旅行でも、朝食は7時半くらいなのに昼食はたいてい午後3～4時頃、夕食は午後8～9時頃が多かった。

中国で「時差」の概念を初めて取り入れたのは、チンギスハンがアジア大陸を制覇して、サマルカンドに長期滞在していた時のことである。この時チンギスハンの片腕役の中国人の宰相・耶律楚材《やりつそざい》（１１９０―１２４４：天文学者でもあった）は、日食や月食の予測が当時（金の時代）使われていた《大明暦》の推定と合わないので、サマルカンド滞在中に天体観測をした結果、①大明暦を長年使っているうちに誤差が累積して次第に大きくなり、②観測地点の位置に大きな差異がある、という２つの原因があることがわかった。

金代（元の前の時代）に使われていた大明暦は、もともと中国の中原地域で活用するために作成された暦である。したがって、中原から1万里（約5300㎞）も離れたサマルカンドでこの暦を使うのは、そもそも無理なのだ。そこで耶律楚材はそこに「里差」（距離による時刻の差：今日でいう「時差」）という概念を創設・導入した。そのうえで、サマルカンドを基準にして東に向かうのをプラス、西に向かうのをマイナスとして、「里差」の値を表現した[1]。

その後、元代になって天文学者・蘇天爵《そてんしゃく》（1294―1352）はさらに「地方時」の概念を提唱した。時刻に地域差がある、つまり中原が正午のとき西域ではまだ9時とか10時なのだから、それぞれの地方での時刻は「地方時」を取り入れるべきことを主張した。だから当時は、地方にマッチした「地方時」が採用されていた。

清代の康熙帝（1654―1722）は、この広大な中国全土を（ただし当時交戦中であったチベットと新疆地域を除く）測量して、地図「皇輿全覧図」（1708―1718の10年間で完成）を作る際、経度の基準点をサマルカンドではなく北京天文台に置き、北京より東を「東偏〇度」、西を「西偏〇度」と表現した。これはイギリスのグリニッジ天文台を経度0度と決めたよりも、120年も前のことである。ただこの時、元代のように「地方時」を採用していたかどうかはわからない。

いずれにしろ、今日の中国の時刻制は、「地方時」を採用していない点では、元代よりも後退している。このため新疆の喀什などでは役所その他の勤務時間を、午前は9時30分～午後1時30分、午後は4時30分～8時30分としている（午後1時30分～4時30分の3時間は休み、この間に自宅で昼食をとる人も多いという）。

中国が北京時間一つだけを採用しているのは軍事目的と思われるが、地方としては不都合なために、こういう地方の実態に合わせた勤務体制をとっているのである。

［注］

（1）《中国測絵史》編集委員会（２００２）『中国測絵史』測絵出版社（中国語）。

第Ⅱ編

天山北路

天山山脈（4500m 付近）周辺の雪を戴く高山
（スケッチ：今村）

準平原を深く侵食した闊克斯《コクス》峡谷（深さ約 300m？）

標高 2200m 地点から天山山脈の氷河地形を望む

2000 キロ離れた西域南道の和田《ホータン》から来た
如責《ルス》さん夫婦と子どもたち

白亜紀の地層からなる五彩湾の丹霞地形

1　天山北路への想い

２０１１年、シルクロードの天山南路を旅して、古くからの歴史に残る土地を自分たちの足で踏みしめて遠古の歴史を実感した感動がさめないうちにと、次のルート天山北路の旅を計画した。天山北路は南路に比べて歴史の表舞台にあまり出て来なかったような気がする。玄奘三蔵のインドへの往復は主に天山南路であったし、インドからの仏教の伝来の表舞台となってその痕跡が名所旧跡として残るのも、天山南路や西域南道である。

これに対し、天山北路に華々しい史跡は少ない。「少ない」というより「広く知られていない」と言うべきか。だが、まったく知られていないわけではない。少なくとも次の点は中国の史書に明記されている。

①漢の武帝（前１５６―前87）の頃、李広利《りこうり》将軍などが繰り返し匈奴《きょうど》国を追撃した場である。

②やはり武帝の頃、烏孫《うそん》国（図１）のあったところであり、その老王・昆莫《こんばく》のもとに送り込まれた公主・劉細君《リュウサイクン》の悲嘆の地である。

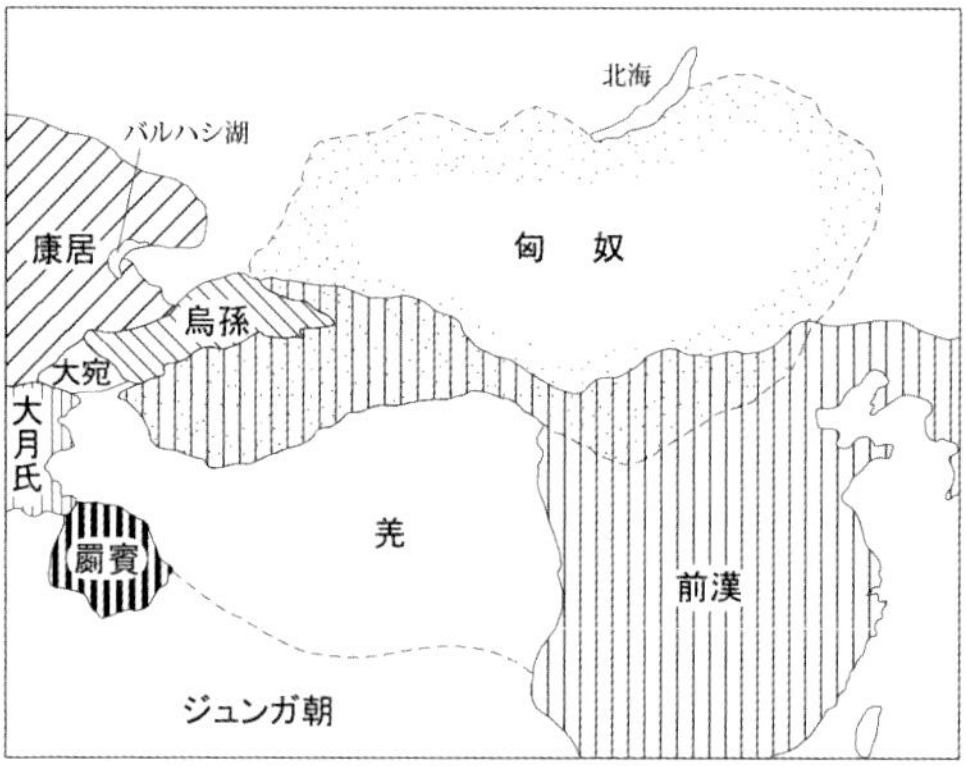

図１　前２世紀頃の東アジア国々の領域

③武帝時代、張騫《ちょうけん》（？—前114）が大月氏国《だいげっし》（図1）を訪れようとして、匈奴の囚われの身となって10年を費やした地域である（13年目の、前126年に目的を達して帰国）。
④張騫の2回目の西域遠征の時、大宛国《だいえん》とその隣国・烏孫国で、ようやく天馬とされる〝汗血馬《かんけつば》〟を手に入れて漢に連れ帰ったため、武帝が狂喜した。
⑤清代のアヘン戦争を起こした責任を問われて、林則徐《りんそくじょ》（1785—1850）が左遷された地域である。

これらの事実から分かるように、前漢時代（前206—後8）以降、歴史的に広く知られた著名な記述は見当たらないが、歴史に残るいくつかの事実はある。それに、前回の天山南路の旅行前にガイドの王嬴《えい》さんから「天山北路は天山南路と違って景色がいいですよ」と聞いていたので、南路と北路の風景の違いにも少なからず期待しての旅立ちだった。

旅立つ前に、天山南路・北路に共通する「路」の意味について興味深い記述があった。(1)私たちは「路」といえば一般的には道路をイメージするが、天山北路・南路の場合は行政区画の呼称であり、後代の○○省にあたるような意味合いだということである。なお、天山山脈を南路・北路に区分したのは清朝になってからで、天山北路は行政区画として准噶尔《ジュンガル》盆地一帯を意味するようである。

［注］
（1）司馬遼太郎（1981）『シルクロード第6巻　民族の十字路　イリ・カシュガル』日本放送出版協会。

2　天山北路の自然

新疆ウイグル自治区はユーラシア大陸の中央部に位置し、東西２０００㎞、南北１６５０㎞、面積１６６万㎢を有する中国最大の省区である。地勢は新疆の文字「疆」（字の由来は第Ⅰ編７ページ参照）が示すように、「三山二盆」が交互に並行した地形を示す。北に阿尔泰《アルタイ》山脈、南に崑崙《コンロン》山脈が走る。中央部の天山山脈を挟んで盆地は２つに分かれ、北部は准噶尔《ジュンガル》盆地、南部は塔里木《タリム》盆地に区分される。天山山脈の北を「北疆」、南を「南疆」とも呼び、今回の私たちの旅は天山山脈横断と北疆地域横断の旅であった。なお、阿尔泰はモンゴル語で「金」を意味するという。

古生代以降、准噶尔・塔里木の両盆地は海域であった。その後の地殻変動（インド・ユーラシア大陸の衝突）によって海面は後退し、新生代新第三紀末に周辺の海底が隆起して、阿尔泰・天山・崑崙が山脈となり、これに挟まれた両盆地は陸域となったのである。

天山山脈は、新疆からトルクメニスタンに至る全長約３０００㎞の巨大山脈である。そのうち２５００㎞が中国領内の新疆にあり、東部・中部・西部の３つに区分される。西部はカザフスタン共和国・キルギス共和国と接し、新疆中央部を東西に横切る長さは１７００㎞で、並行する３つの褶曲山脈からなる。山脈は西高東低で幅が広く、山稜線は標高５０００ｍ以上、最高峰は托木尔《トムール》峰（別名ポベーダ峰、７４３９ｍ）である。アジア内陸部の地殻変動の影響を受け、天山山脈周辺ではそれに起因した断層が各所に分布する（図２）。２００３年には喀什《カシュガル》近郊でＭ６・８の地震が発生するなど、今なお地震活動が活発な地域といえる。
阿尔泰山脈は中国・モンゴル国・ロシアの３国と国境を接し、総延長は約２０００㎞である。山脈の東部はモンゴル国内に至り、新疆内では西北から南東に約５００㎞にわたっている。平均標高は約３０００ｍ、中国領内の最高峰は友誼《ゆうぎ》峰（４３７４ｍ）で、モンゴル国との国境にもあたる。山脈の西南は偏西風の風上側にあたるため、降水量が多く森林植生が豊かで、天山山脈南側と自然環境は大きく異なる。

准噶尔盆地は半閉鎖性の山間盆地に区分される地域で、盆地は西北に開いた細長い二等辺三角形を示し、約38万㎢（ほぼ日本の面積に相当）と、中国第2の面積を誇る。北部を流れる額尔斉斯《オルチス》河は国際河川で、北極海に注ぐ。その他の河川はすべて盆地内で消失する。盆地は全体に西方へごく緩やかに傾斜し、平均標高は約５００ｍ以下で、盆地底部は南西部の艾比湖《エビノール》（１８９ｍ）である。

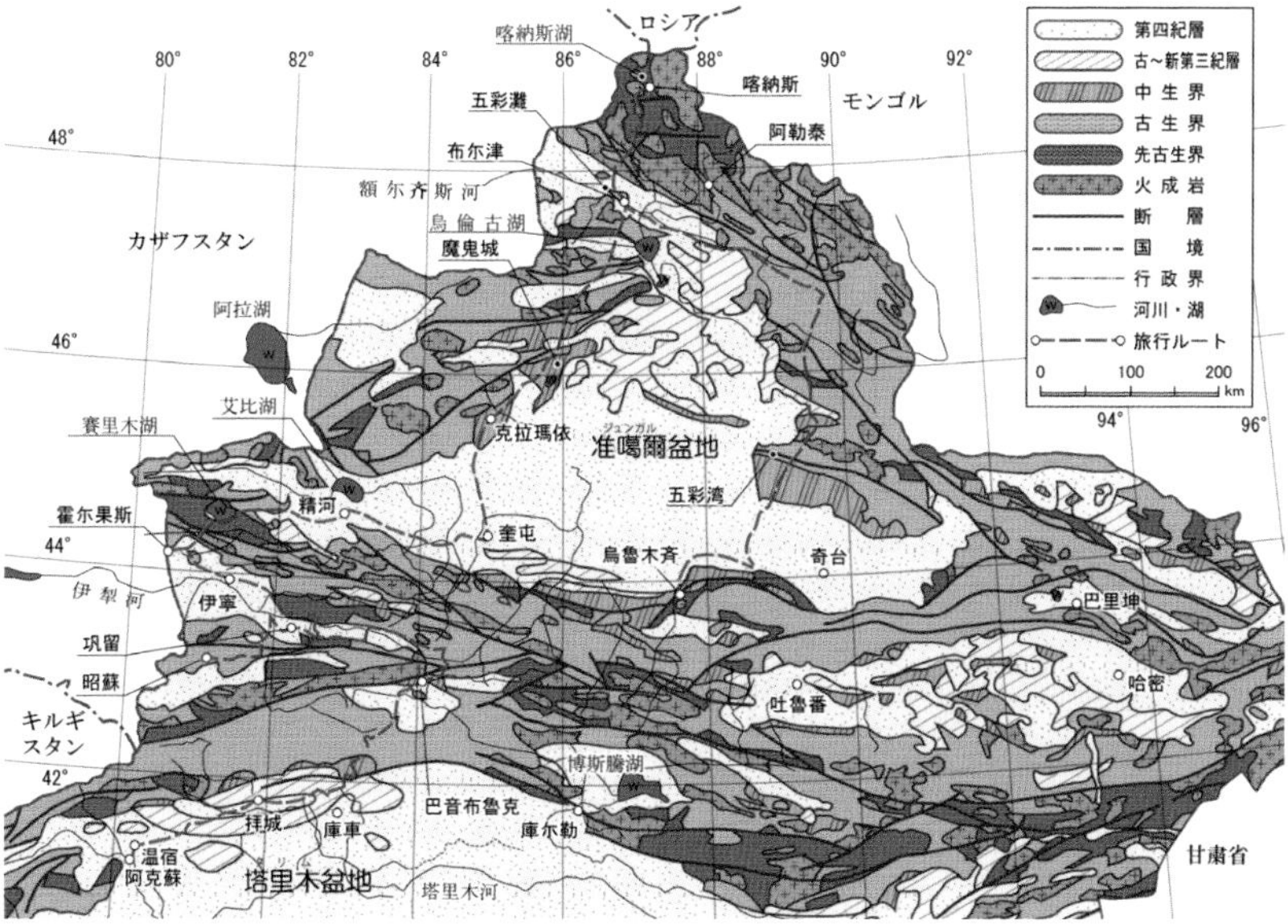

図２　北新疆とその周辺の地質状況

盆地中央の古尓班通古特《グルバンチュンギュト》沙漠は面積は約4・8万㎢で、大部分は広大なゴビ灘《タン》である（図3）。河川沿いには森林や草原が形成され、遊牧や農耕が営まれている。

今回の私たちの旅は、天山山脈南麓の阿克蘇《アクス》からこの山脈を横断し、伊犁《イリ》盆地に至り、さらに北の准噶尔盆地から阿尓泰山脈に至る旅であった。自然景観は前回の天山南路ルートと大きく異なる。特に伊犁盆地周辺から北は緑豊かな草原地帯となり、地形・地質を専門とする私たちには、沙漠とは違った興味ある地域であった（図4、5、6）。

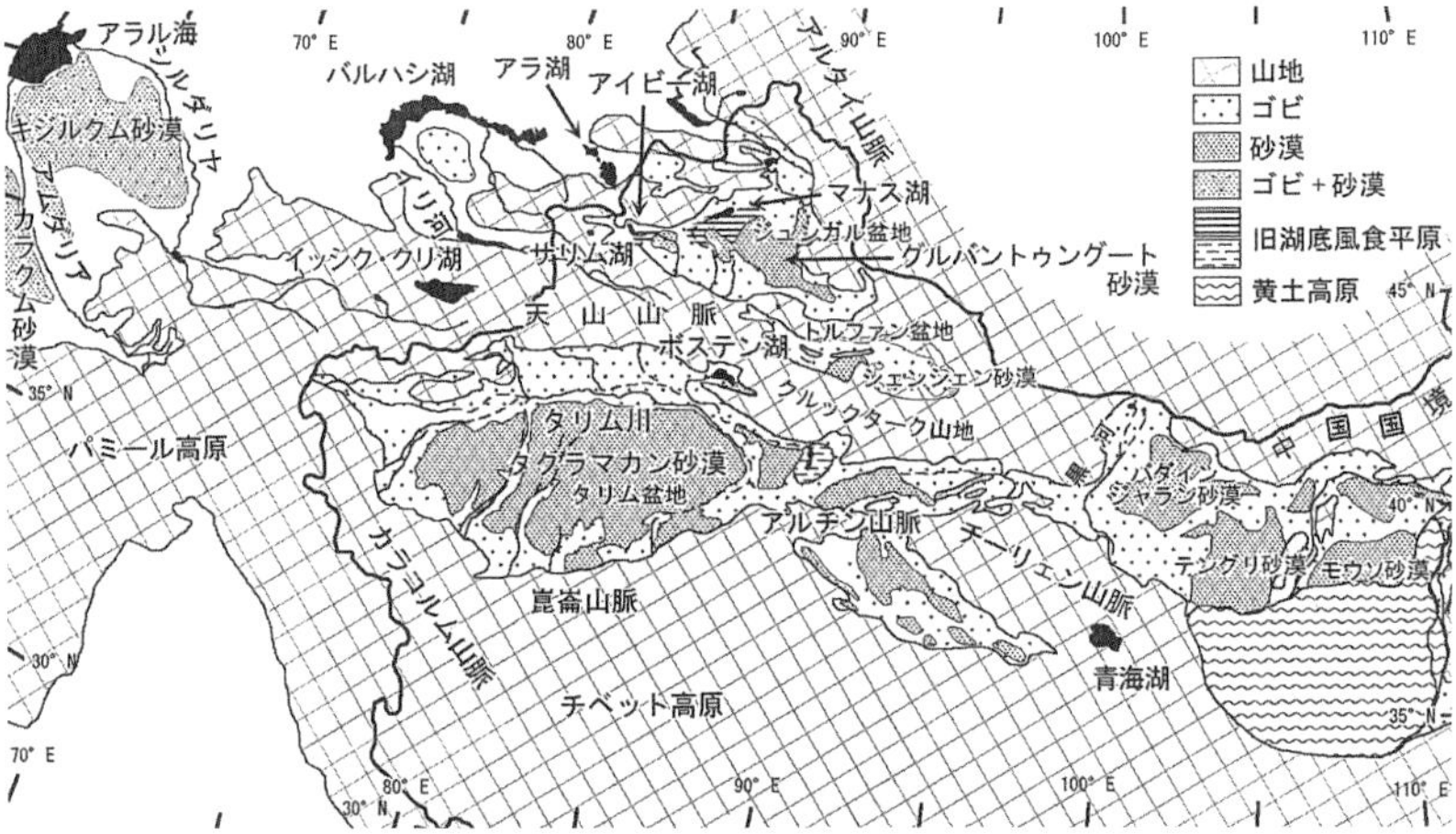

図3　シルクロードと沙漠（安田監修，2012）(1)

図5　天山山脈北麓の肥沃な耕地

図4　准噶尔盆地の沙漠とヤルダン地形

［注］
（1）安田喜憲監修、帯谷知可・北川誠一・相馬秀廣編（２０１２）『朝倉地理講座　大地の人間の物語5　中央アジア』朝倉書店。

3　烏魯木斉《ウルムチ》入境から阿克蘇《アクス》へ

今回の旅の出発前、５月22日の早朝、新疆ウイグル自治区の区都、烏魯木斉市の朝市で、39人が死亡、１００人が負傷する爆発事件が起きた。この事件は午前7時過ぎにナンバープレートをつけない四輪駆動車2台が鉄製の柵をなぎ倒して市場に侵入し、爆発物を投げ込んで買い物客を殺傷したものである。

この事件の後でもあり、私たちが北京空港から烏魯木斉に入境する際の保安検査の厳しさに驚いた。預けるスーツケースも機内持ち込みの荷物も、係員がまず小さな白い紙片をかざしてチェックしている。何のチェックか聞いてみると、ダイナマイトなど爆発物の検査だと言う。白紙が黄色や緑色に変わると再度検査をしている。科学的にどういう仕組みなのかはよく分からない。

磁気による金属検知ゲートに入る前に、靴を脱ぎ、ベルトなどの金属物と一緒に別のかごに入れて、ゲートを通し、さらに身体は全員手持ちの検知器で、足の裏まで調べる。烏魯木斉での爆破事件の後だから仕方が無いが、今後は烏

図6　天山山脈伊犂河上流（巴音布魯克《バインブルグ》草原）

図7　烏魯木斉市内で見かけた馬踏飛燕の像

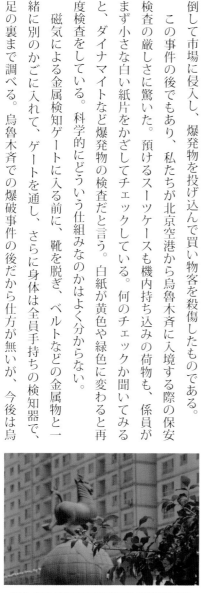

魯木斉だけでなく、中国の大都市への入境はすべて同様に厳しくなるのかもしれない。

旅行2日目の7月30日、まだ暗いうちに起床して5時50分にはホテルを出て空港に向かう。7時35分の阿克蘇《アクス》へ行く国内線に乗るためである。このため前夜のホテルは烏魯木斉空港のすぐ前の「烏魯木斉天縁酒店」（五つ星）で、航空機乗務員が多く泊まる高級ホテルである。しかし、朝早く出るため、朝食はパンと牛乳、りんごなどをビニール袋に詰めただけの〝弁当〟で済ませた。

烏魯木斉を7時35分に発ち、阿克蘇に9時30分に着く約2時間の飛行である。阿克蘇市は塔里木《タリム》河の支川の町で、人口55万人、面積1・36万㎢だ。阿克蘇地区の人口は喀什《カシュガル》地区に次いで第3に多い（256万人＝2019年）。阿克蘇とは「白い」という意味らしい。背後には天山山脈の主峰・托木尔《トムール》（ウイグル語、別名ポベーダ、標高7439m）がある。ポベーダはロシア語で「戦勝」の意味である。空港（図9）では、新疆中国国際旅行社の日本部長（女性：孫麗萍《そんれいぴん》）とドライバーの李さんが待っていてくれた（スルーガイドの楊会玲《ようかいれい》さんも同じ会社らしい）。後で聞いたところによると、2人は烏魯木斉からバスを運んで来たとのこと。昨日1日かけて1000㎞余りを走ってきたのだという。

阿克蘇から温宿《ウエンスー》へ向けて近道を行くが、道に迷い、集落で道をたずねる（図10）。狭い道から舗装道路に出てしばらく行くと国道を走る。「薩瓦甫斉《サーワフーチー》牧場辺境治安

図8　空から阿克蘇のオアシスを眺望

図9　阿克蘇の空港

検査点」という所で検査を受ける。さらに「阿克蘇青辺防派出所」に入境の届出をする。ここは隣国のキルギス共和国に近いため、チェックが厳重なのだという。我々はパスポートをそこに預けて奥に入る。

ここはまだ天山山脈の南山麓で、塔里木盆地（塔克拉瑪干《タクラマカン》沙漠）の北側に位置する。つまり3年前に旅した「シルクロード　天山南路」の一部なのである。阿克蘇地区には水路が多く水量も多い（図11）。天山山脈の雪解け水だという。

4　ムスリムの聖地「神木園《しんぼくえん》」と温宿《ウエンスー》

神木園は阿克蘇《アクス》地区温宿県の北西約60㎞の天山山脈南麓にある（図12）。標高は約1700mで、ムスリム（イスラム教徒）の聖地だと言われている。

午後1時頃に神木園の入口に着く。園に入る前に、ログハウスの入口にグリーンの大きな暖簾風カーテンのある小さなレストラン「神木園生態餐庁」で腹ごしらえをして入園した。園の入口には「天山神木園景区遊覧」と大書した看板が目にはいる。

入口のすぐ近くに大小2つの木製の水車がある。清澄なその水を掬って飲んでみると、大変冷たい（図13）。園内全体が湿地帯で、この地区だけがこんもり

図10　住民に道をたずねる

図11　阿克蘇周辺の水路（雪解け水）

とした森をなしている。その周りは草木のまったく無い、いわゆる〝ゴビ〟（荒地を意味する普通名詞）である。園に入ってしばらく進むと、小路の両側の樹木には赤い紐がたくさんかかっている（図14）。日本の神社で「おみくじ」を樹木に結びつけるようなものか。ただ、紐はある一角に集中して結ばれていることから、そのあたりがとりわけ神聖な場所なのだろう。

園内には十数カ所の湧泉がある。天山山脈からの伏流水が、少し低まったこの地で湧出している。地元のウイグル族の人々はこの泉を「聖泉」としており（図15）、そこの水を飲むと病気が治るとも言われている。神木園を出た小水路は水量豊かに流れ下り、駐車場のはずれにあるトイレで天然の水洗の役目を果たしたあと、園外に流下している。

園内には柳、楊、樺、楡などの老木が100本近くある。そのいずれもが倒れた樹木から上伸枝《じょうしんし》が伸びて、それが青々と茂っている（図16）。湧泉の豊富な水によって樹木は倒れても枯れるわけではなく、倒れた老

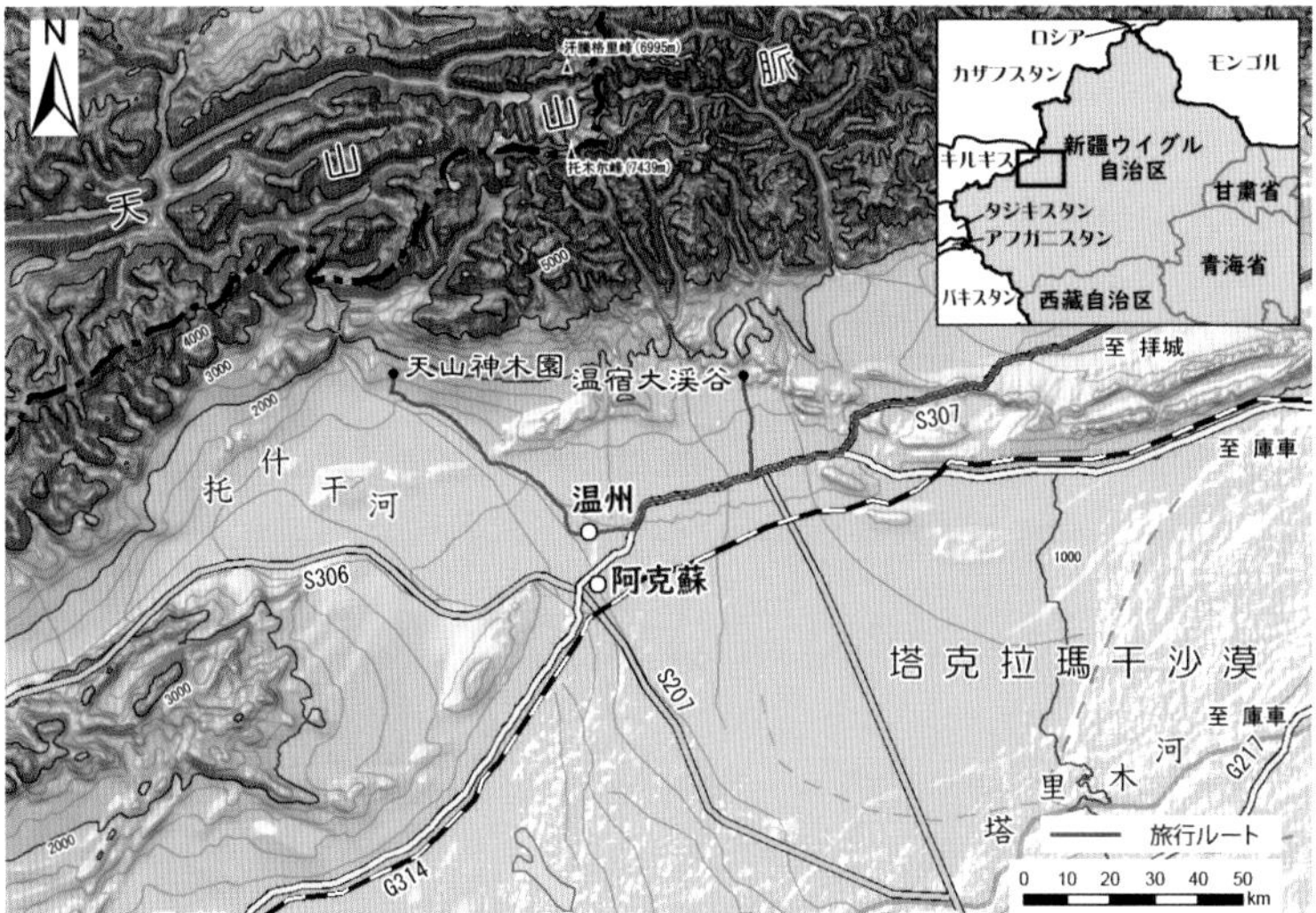

図12　阿克蘇周辺地形図（北にポベーダ峰，神木園，温宿）

木から若い上伸枝が伸びて茂り、複雑な形の樹木多い森をなしている。倒木は天山山脈と反対方向に倒れているところから見ると、冬の天山山脈からの〝天山おろし〟によって倒されるのであろうか。倒れた大木がくねくねと曲がっては、しつこく生きているさまは、「老人力」の強さを感じさせる。だが、大事なのは、横になったくねくねとした樹幹から真上に延びる上伸枝なのかもしれない。それが次世代の大木に育っていって、この森を造るのだ。主だった樹木には1000年、1300年…などと樹齢を書いた札がつけられているが、その樹齢はおそらく見た目で適当につけたものであろう。所々に水溜りがあるため、その付近に行くとヤブ蚊が多い。

神木のでき方は、単純化して示すと次のように推測される（図17）。

①樹木は普通に成長

図13　水車（水が冷たく気持ちいい）

図14　赤や黄色の紐がたくさん下がった一角

図15　泉「聖泉」

図16　神木園の柳

②北からの恒常的な強風による風倒（しかし枯死はしない）
③風倒木から新しく上伸枝が成長
④成長した上伸枝の風倒（これも枯死はしない）
⑤②〜④の長年の繰り返し（この間にも樹幹は成長）で樹形が複雑化

多くの樹木がこのような過程を経て、大きく神聖な森をなしている「神木園」なのである。神木園のすぐ隣のゴビの高まりには、付近の土で作ったムスリムの墓地があった（図18）。

♣温宿《ウェンスー》の町

阿克蘇《アクス》地区の町は前漢時代から、今の托什干《トシカン》河の右岸にあった。今回2日目の夜（7月30日）この町の「西域春天大飯店」に泊まっただけで町の中を見物したわけではないが、夕方、投宿するときや翌日（7月31日）巴音布魯克《バインブルグ》へ向かうとき、この町の街道（国道）を通って感じたのは、街路樹の整備のす

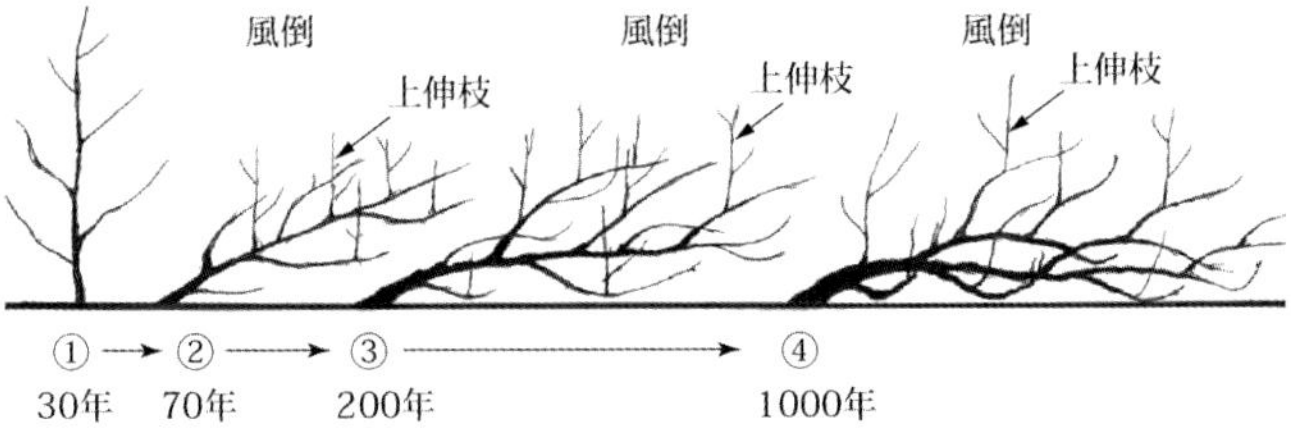

図17　神木園の樹木の経時的な変化

図18　神木園の外のゴビにあるムスリムの墓地

ばらしさである（図19）。図20のように、きわめて規則的に配置されていて美しい。

車道の外側には糸杉とアカシヤ（ニセアカシヤかもしれない）とが交互に規則正しく植えられている。その外側は幅4～5mの歩道になっている。歩道は土がむき出しの道だ。さらにその外側にはきちんと2列に並んだポプラが植えられている。バスの車窓から2㎞くらいにわたって規則的に続くこの街路樹を見て、これも中国の伝統かと思った。

紀元前3世紀、秦の始皇帝は中国全土に馳道《ちどう》や直道《ちょくどう》（いずれも幅69m）を建設したとき、「街道を通る車の人物が外から見えないように、6・9mおきにきちんと松や楊を植えた」と《史

図19　温宿の街路風景

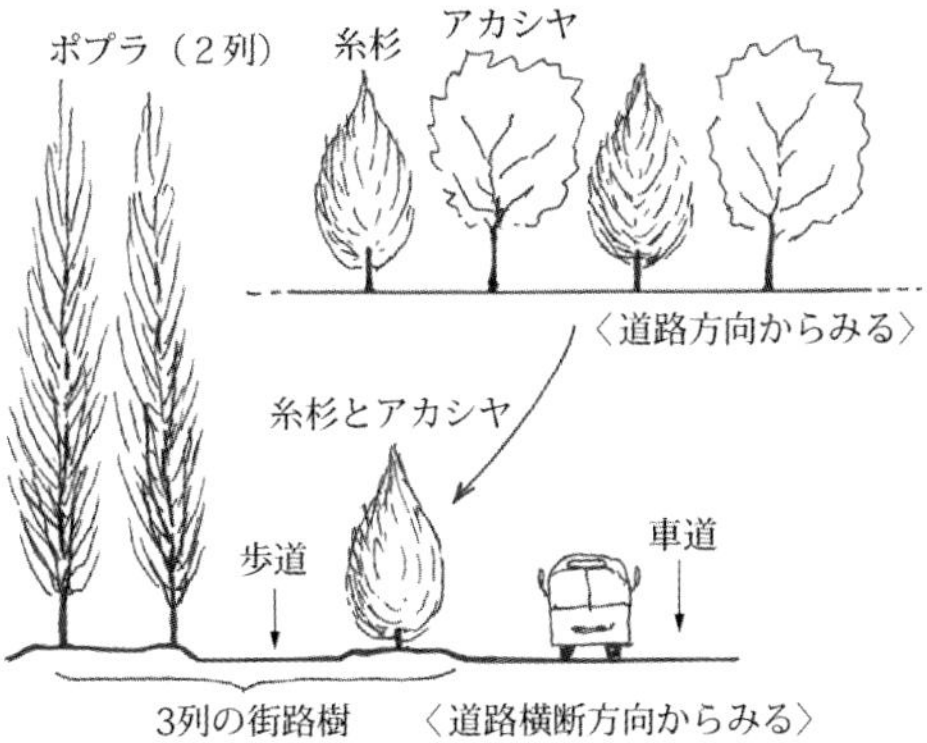

図20　温宿の街の街路樹のスケッチ

記》に記されているからだ。今村は30年ほど前、新設前の北京空港から北京市内へのメインストリートが、片側だけでも3列の並木が北京市内まで続いていてすばらしかったことを思い出したという。中国にはこれら並木のように、古くから〝マス〟としての造形美を造る伝統がある。その点では日本と違って、欧州に近い美的感覚を好むように思われる。

♣高速道路の流水処理

温宿《ウエンスー》～庫車《クチャ》など天山山脈南麓の扇状地末端を走る高速道路の山側（天山山脈側）からの流水処理には特徴があり、図21に示すように約２００m間隔で、高さ約２mで長三角形の導流堤が設けてある。その設置はかなり規則的だが、距離間隔には多少の差がある。３年前、天山南路の旅行の際によく見たのは二等辺三角形に近い形が多かったが、温宿～庫車付近のものは、平面的にはややいびつで、西側が急、東側が緩い角度である。ただ、堤体はいずれも高さは約２m、底長７～８mの小規模なものだが、水路側だけはコンクリート造りとなっている。扇状地面を流下した山側からの流水はこの導流堤で水路に導かれ、高速道路の下をくぐって、低地側（山と反対側）へと流下する仕組みとなっている（図22）。路面縁に立ち入り防止フェンスがあるのは日本と同じである。

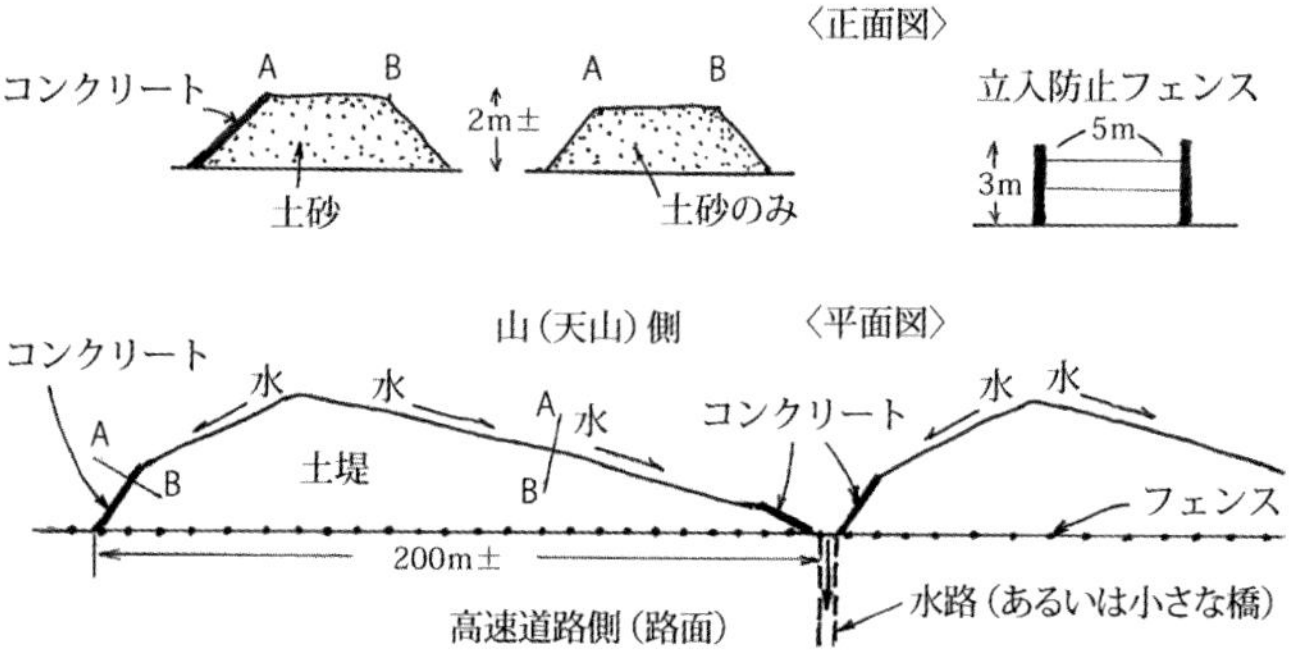

図21　温宿～庫車など天山山脈南麓の高速道路の流水処理の模式図

5 ヤルダン（雅丹《がたん》）地形に出会う

「ヤルダン yardangs 地形」（ウイグル語）というのは、スウェーデンの探検家スヴェン・ヘディン（Sven A. Hedin：１８６５―１９５２）が、トルキスタン（パミール高原や天山山脈を中心とした地域）で命名した名称で、中国の古語では「竜堆《りゅうたい》」と言う。現在では「雅丹《がたん》地形」とか「丹霞《たんか》地形」などと呼んでいる。わが国の『地形学辞典』[1]では、マブット（J. A. Mabutt）が作成した図（図23）とともに、次のように書かれている。

　「ヤルダン」は風食地形の一種で、ほぼ並行する細長い凹地（廊下：corridor）によって隔てられた細長い高まりをさす。プラヤ[2]をつくる湖成層など比較的やわらかい堆積岩が侵食されて生じる場合と、硬・軟岩からなる岩石が風化を受けて生じた場合とがある。後者は岩石ヤルダン（rock yardan）またはツォイゲン（Zeugen）と呼ばれ、平行岩稜を形成する。ヤルダンは風向に平行で縦断面形は風上側に丸く、風下側に低下しながら細長く延びる。

風食地形とされているが、一部にはリルウォッシュ[3]や流水の影響も認

図 22　高速道路の横断暗渠（高さ約 1m，幅約 3m）と下流の氾濫原

められ、形成のメカニズムはなお不明である。イランにはkalut（カルート）と呼ばれるやわらかい粘土質砂岩からなる平行岩稜が知られており、風食・リルウォッシュ・泥流・洪水などの営力の複合によって、ヤルダンに移行すると考えられている（赤木祥彦・小野有五）。

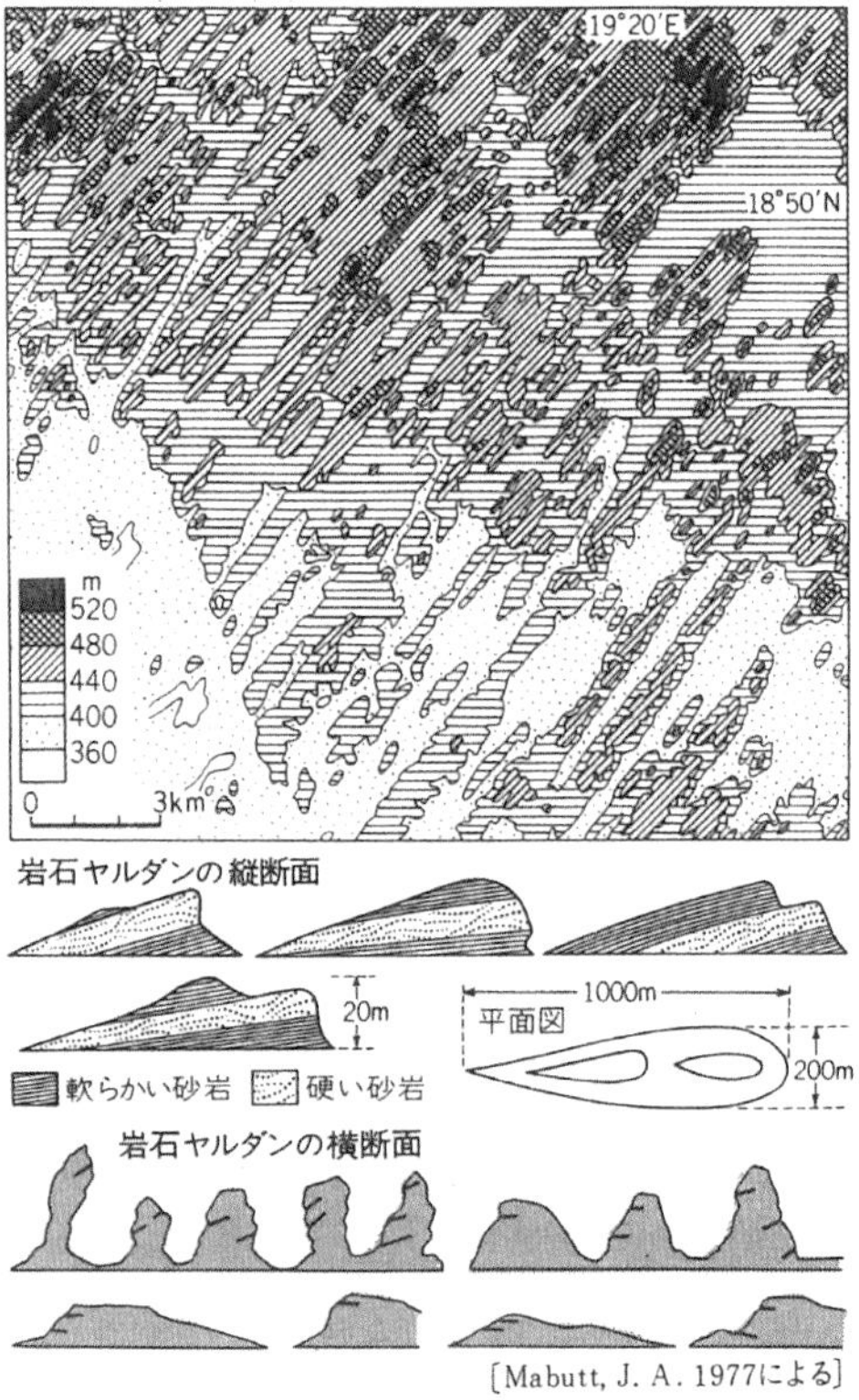

図23　ティベスティ（チャド）南部の平行岩稜と廊下地形（町田ほか編，1981）[3]

「丹霞地形」という名称は、広州の丹霞山の景観に由来し、ケスタ[4]や多数の岩塔や小山からなる地形で、赤色系統の色彩をもつ地層が露出する。「丹霞」とはこの色から来ているのであろう。一方「ヤルダン地形」は、イギリスの地理学者ヘディンによる紹介に由来し、色彩にこだわらず、ケスタ地形や多数の岩塔・小山などからなる地形を総称しており、中国ではこれら双方が混同して使われているようだ。

7月30日、私たちは前述した「天山神木園」見学の後、16時過ぎに温宿の世界自然遺産だという「天山托木尔《ザムアル》大峡谷」に入り、「ヤルダン地形」（地元では「ヤダン地形」とも呼んでいる）を見学した。この大峡谷は天山山脈南麓の丘陵性山地に位置する総面積２００㎢の渓谷である。かつては天山の南北をつなぐ古代駅路・木扎特《ムザトー》古道の通り道で、ウイグル語で「険しい、神秘的」を意味する。私たちはまだ前記の『地形学事典』の説明以外、「ヤルダン地形」の何たるかをよく知らない。

　渓谷の入口に真新しい事務所のある所までは、私たち専用バスで入ることができた（図24）。最近世界自然遺産の観光地として設立されたばかりのようで、入口に立てられた渓谷の地図も真新しい。だが、事務所の係官は雨が降りそうなため（実際ここでは午前中には雨が降ったらしい）、見学できないという。渓谷内は道路があるわけではなく、河原（水流は見当たらない）を遡上するわけだから、雨が降ると急に洪水が発生して危険だという。「まだ降ってはいないのだから…」と長い交渉の末、ともかく、「あまり奥までは入らない」という条件付で、事務所の2台のランドクルーザに分乗して案内してもらうことになった。ところが、その車が今にも壊れそうな古いおんぼろ車で、実際、１台はなかなかエンジンがかからない。数人で、下り坂を数百ｍ押して、やっとエンジンがかかるという代物なのだ。

　普通、ランドクルーザの座席は横に並んで坐るものが多いが、私たちの乗ったぼろ車は、縦列に向かい合って乗るタイプで、つかまるところが全く無い。

図 24　「天山托木尔大峡谷」の入口と峡谷の配置図

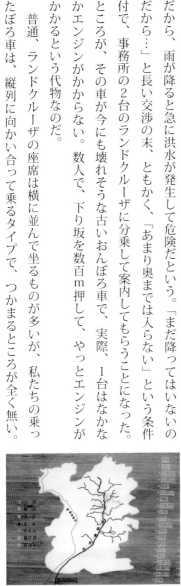

運転手はハンドルを握っているからいいようなものの、後部座席に座る私たちは、車が河原の石ころや段差でバウンドするたびに飛び上がる。下流の川幅が広いうちはまだいいが（図25）、上流に進むに従って段状になった河原があり（図26）、車が大きくバウンドした際、今村は頭を激しく車の天井にぶつけ、落下して背骨を痛めてしまった。帰国後、大学病院での検査で圧迫骨折と診断され、背骨が潰れて1・5㎝短くなったとのことであった。

周辺は全山植生がなく地質が露出しているため、好都合に見学できた。水平層や緩く傾斜した成層状態の露岩頭地帯のことを「ヤルダン地形」と呼んでいるようだが、ここで見る限りは、風食よりも水食のほうが明らかに優っている（図27）。

上流のある地点までくると、「これが〝男根〟岩です」と案内役の事務所員が指差すところには、見事な〝男根〟に見立てた侵食地形があった（図28）。さらに上流側に行くと、「〝女陰〟の岩もありますよ」と説明される（図29）。日本でもこの手の岩は時々見る光景だが、かなりリアルな男女のものがそろって近くにあるのに驚いた。これら男女のシンボルの「見立て」を聖域化するのは、洋の東西を問わず同じのようである。

『地形学辞典』の説明を読んでも現実の「ヤルダン地形」はいまひとつ理解しづらいが、今回の旅行での日程表に「ヤルダン地形の見学」とあったところを

図25　渓流下流部

図26　ランドクルーザで河原を遡上する

総合すると、「ヤルダン地形」というのは、成層した堆積岩（やわらかくても硬くてもいい）―それらは現在水平層をしていても、堆積後の変動で緩く単斜構造をしていてもいい―が、現在の沙漠地帯で主に水食や風食によって削られて、突兀《とっこつ》とした地形を総称して呼んでいるようである。

今回の旅行でいえば、温宿峪の地形は、傾斜した硬い岩石地帯のヤルダン地形であるし、後述する奎屯《クイトン》から賈登峪《かとうよく》の間にある魔鬼城《まきじょう》の地形は、やわらかい砂岩を主としたほとんど水平層のヤルダン地形である。もともと「ヤルダン」はウイグル語で「崖」の意味で、地形用語として用いられてきたわけではないから、明確に定義するほうが無理なのだろう。図23に示した平面図には、風向方向に山の列が平行分布して描かれているが、この地域では明確な平行地形は認められなかった。

［注］

（1）町田　貞・井口正男・貝塚爽平・佐藤　正・榧根　勇・小野有五編（1981）『地形学事典』二宮書店。

（2）乾燥地域の内陸盆地に見られる平坦な堆積平野、豪雨のあと一時的に水をたたえることもある。「プラヤ」は海浜を意味するスペイン語であるが、地形学的用語では異なった意味に使用されている。

（3）雨による細流によって地表の細流物質が削り取られる現象。

（4）侵食に対する交互に重なり合う抵抗性の違う地層が、ゆるやかに傾斜している場合にできる非対照性の山稜形。

図27　やや傾斜したヤルダン地形

図28“男根”の見立て

図29“女陰”の見立て

6 和田《ホータン》の大家族との交流

7月31日、この日は朝9時に温宿をたち、約580kmを走って天山山脈の深部の谷合いにある巴音布魯克《バインブルグ》(モンゴル語)に向かう。全行程が天山山脈の山岳地帯の走行で、天山の山並みとその谷合いにある遊牧風景を眺めながら、巴音布魯克草原を擁する和静《ホージー》県の巴音布魯克鎮までの旅である(図30)。

15時ころ(昼食前)に、「天山神秘大峡谷」(別名「庫車《クチャ》大峡谷地質公園」)に入る予定であったが、大雨のため入山できなかった。峡谷で雨が降ると急に水量が増して、逃げ場がなくて危険極まりないというから、入口をのぞいただけで諦めざるを得なかった(図31、32)。

その入口にあるレストランで昼食を摂った後、国道はいよいよ天山山脈越えにかかる。高度が増すためウィンドブレーカを着る。標高2450mにある氷河

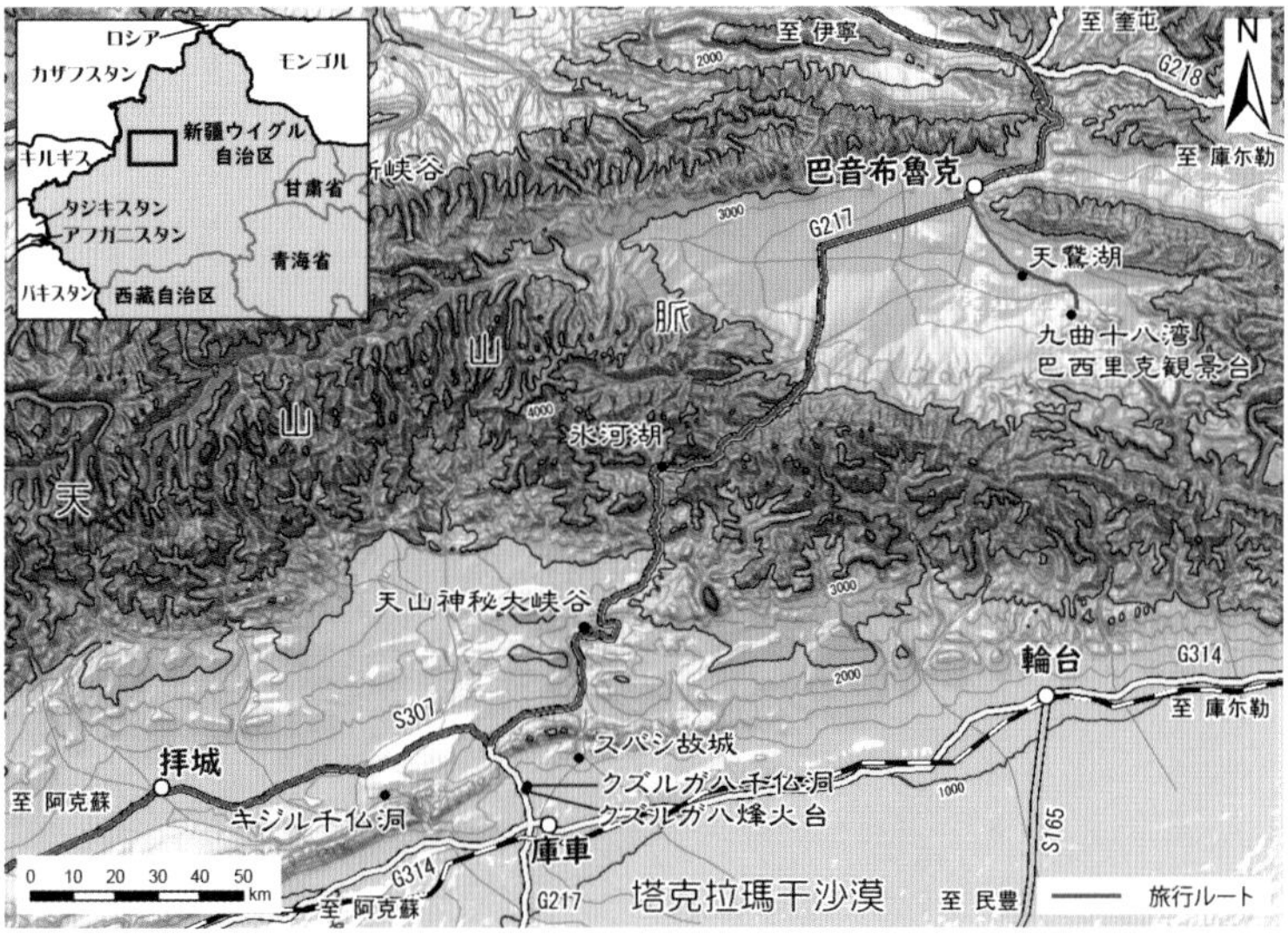

図30 「天山神秘大峡谷」周辺地形図

湖を左に見て進み、その上流20分ほど行った、やや幅広の谷底平野部で青空トイレタイム。河原には柳の大木が連なっている。

その河原を見ると、人々がたき火を囲んでなにやら楽しそうにしている（図33）。こういう集団に一番初めにアプローチするのは、たいてい中家だ。図々しくと言うか勇敢にと言うか、とにかく近づいて話しかけては（何語で話しかけたのだろうか？）すぐ親しくなり、バスのそばにいる私たちを手招きする。

彼らは3世代の大家族でバーベキューをしていたのだ。30歳過ぎの丸坊主の青年（後で如責買買《ルズマイマイ》堤《ティ》さんという名前であることがわかった）と美人の奥さん、その子ども4人（図34）、青年の両親や親戚の人たち13人のグループ（図35）で、その中の眼鏡をかけた青年はガイドだ。老夫婦（60歳すぎくらい）が手際よく羊の肉を切り分けて金属の串に刺して焼いている。その手際の良さに感心

図 31　「天山神秘大峡谷」の入口

図 32　入口からのぞいた「天山神秘大峡谷」

図 33　何か楽しそうにしている人たち

図 34　如責さん夫婦と 4 人の子どもたち

していると、実は和田《ホータン》（塔克拉瑪干《タクラマカン》沙漠の西南の都市）で焼肉屋をしているのだという。和田から塔克拉瑪干沙漠２０００㎞を旅してここまでやってきたのだ。

肉が焼けると私たちに「どうぞ、どうぞ」と勧める。まだ、脇には大きな肉塊が用意されていた。おそるおそるごちそうになると、肉が柔らかくて実に美味しい。この旅行でも３回くらい羊のシシカバブーを食べたが、これほど柔らかくうまい肉は初めてであった。「さすがに和田の焼肉屋さんだ…」と感心してごちそうになった。スルーガイドの王さんから集団13人のメンバーを紹介された。最後に記念写真を撮って別れたのだが、中家は抜かりなく如責さんの住所を聞いていた。別れ際に「我々は来年、シルクロードの西域南道を旅して和田に行きますから、きっと和田でお会いしましょう」と伝えて別れた。

中家はその後も密な連絡を取り、男の子各人にはグローブとサッカーボールなどを贈ったという。その親密な交流が本当に次年（２０１５年）の旅行で、劇的な再開を果たすことになる。ウイグル族である彼らとの会話は通訳による中国語を介してとなるが、言葉の壁を越えて私たちは親密な交流ができた。彼らはきわめて紳士的でまじめで、律儀な民族だとつくづく思った。

彼らと別れてしばらくすると、国道は果子溝《グオズトー》の山岳地帯へと入り、ジグザグを繰り返しながらどんどん高度を増す（図36、37）。山腹には植生が少なくなるが、急斜面から崩れ落ちた崖錐部分には植生（草生地）が繁茂し針葉樹も多く、ヨー

図35　和田から来た３世代の家族と私たち一行

ロッパの山岳地帯を思わせる。崖錐斜面の裾部には、モンゴル系の遊牧民の包《パオ》が数多く見える(図38、39)。

7 巴音布魯克《バインブルグ》景観台の大パノラマ

「巴音布魯克? えーっ、ドイツにありそうな名前じゃない」と皆が思い、地図上で随分探したが、小さな地図には載っていない。大縮尺の地図上でやっと見つけることができた。

巴音布魯克は、天山山脈(世界自然遺産に指定されている)が全体としては南側で2つに枝分かれした山脈の間、河静県の「尤魯都斯《ヨウルドウス》盆地」にある(図40)。地名はモンゴル語に由来するもので「豊かな泉水」という意味だ。標高約2400~2800mの高地にあり、2・3万㎢の面積を持ち、中国では内蒙古のオルドス草

図36　天山山脈の谷あいを高度を上げながら走る

図37　多くのトンネルや橋梁を通って天山山脈を越える(昔は難所だった)

図38　湖のほとりの遊牧地

図39　モンゴル系遊牧民の集落

原に次ぐ大草原だという。この地方では浅いところに凍土があって、大きな樹木は根を張れないため、育たないのだという。

巴音布魯克に連なる広大な草原には、約５００ｍおきに政府が提供した遊牧民の定住政策のためのコンクリート作りの戸建て住宅がある。しかし、遊牧民は定住する気はなく、夏には山地に放牧に出て、冬になってそこへ帰るだけだという。

３日目、７月31日の夕方（午後９時頃）、巴音布魯克のホテル「白天鵞賓館」に着いた。10年前には、外国人は許可がないと入れなかったという。

♣天鵞《てんが》湖（白鳥の湖）

８月１日の朝、巴音布魯克のホテル「白天鵞賓館」を８時に出ると、10分（約２㎞）で天鵞湖の入口に着いた。入園ゲートに連なる白い大きな建物は全体が白鳥をイメージしたもので（図41）、長く伸びた首に当たるところの下が入口、胴体に当たるところがレスト

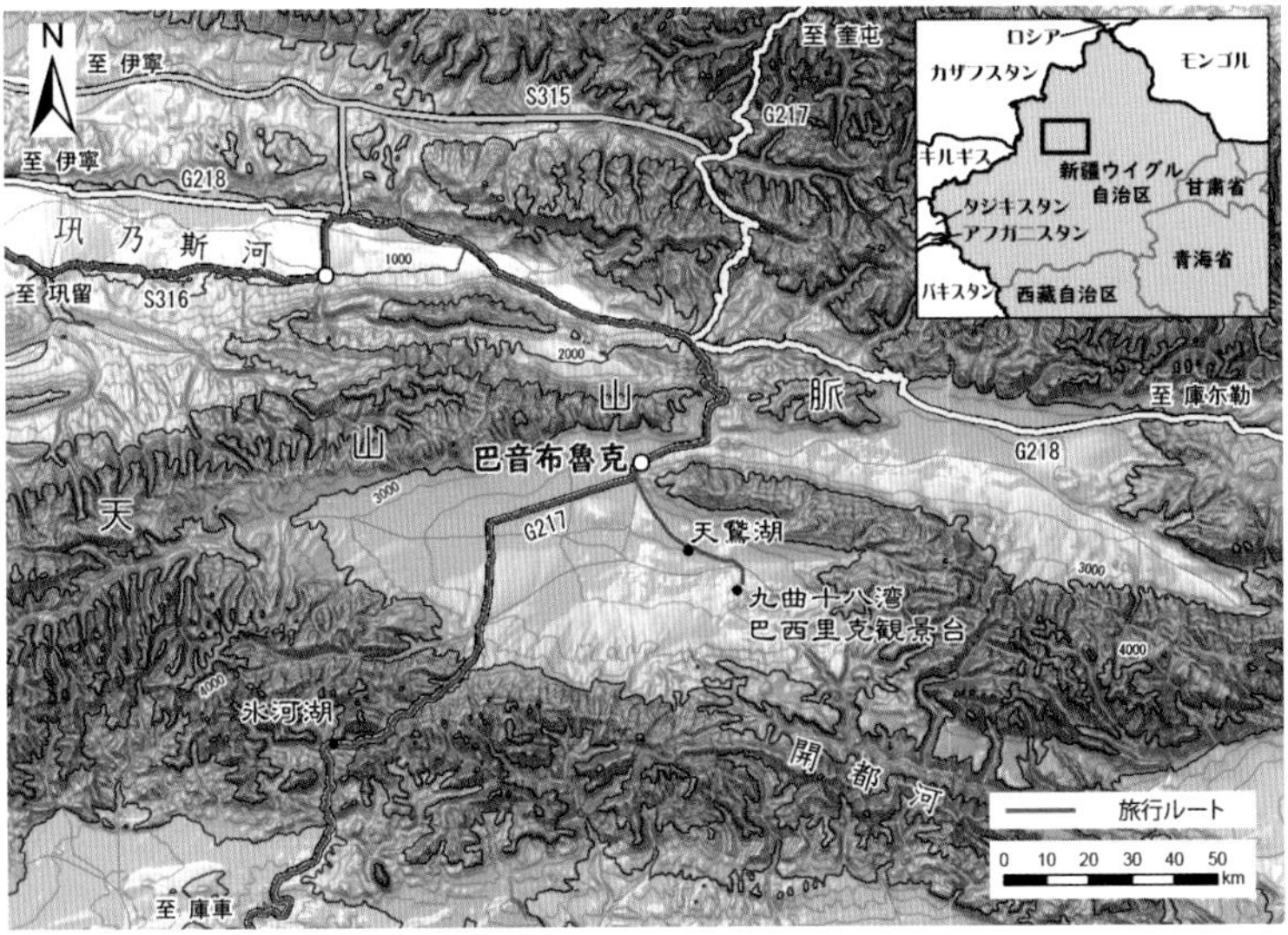

図 40　巴音布魯克周辺地形図

ランや防寒コートなどの貸し出し店・土産店などになっているが、早朝のため店開きしていない。やっとトイレだけを開けてもらった。

園内の乗合シャトルバスに乗り換えて、まず、20分くらいで巴音布魯克草原の一角にある「天鵞湖（白鳥の湖）」に着く。そこには来客用の大きな包《パオ》が3棟並んでいる。その側でバスを降りて、白鳥が6～7千羽いるという湖を見学した（図42）。巴音布魯克草原の一角は白鳥保護区になっており、その面積は1000㎢、1986年に国家級の保護区に指定されたという。保護対象はもちろん白鳥で、「白鳥の湖」の名前も入口の特異な建物も、白鳥をイメージして作られている。モンゴル族の遊牧民は白鳥を「天使と幸福の鳥」と呼び、自分たちで家族のように育てるが、白鳥は寒くなる秋になるとここを離れ、春にまた戻ってくるという。

ただ、あいにく天鵞湖には白鳥はほとんどいなかった。どうしたのか？　渡りの季節なのだろうか、それとも集団でどこか別の餌場に移動しているのか。少し失望してシャトルバスに戻り、すぐに近くの巴西里克《バシリカ》観景台へ向かう。

♣巴西里克《バシリカ》観景台（展望台）

シャトルバスは高原の草原を走る。右に曲がっても左に曲がってもずっと見晴らしがよく、〝天空の草原〟といった感じである。13時過ぎに巴西里克観景台

図41　白鳥をイメージした天鵞湖入口のゲート

図42　湖の風景

に着き、バスを降りて2時間ほどたっぷりと散策することができた。

展望台といっても見晴らしの利く広大な地域全体のことで、青空の下、草原の高みから3方向の低い広大な湿原とそこを流れる蛇行して白く光る〝九曲十八湾〟なす開都河《カイドウ》を見下ろす。その壮大なパノラマに、狭い山国に住む我々日本人は圧倒される。はるか遠方の高いところに雪に覆われた天山山脈が連なり、手前には天山の北側フロントにあたる濃い緑の山々が連なる。その山麓からこの展望台の下まで雄大な草原が広がる（図43、44）。

3方向には、見渡す限りの草原と残丘状の低山が眼下に見渡される。しかし、その光景をうまく表現する言葉が見当たらない。今回の旅を終えてみて、風景のすばらしさの点では、この巴音布魯克草原、それも巴西里克観景台地区から見た光景がハイライトであった。青い空、白い天山山脈、そのフロントの深いグリーンの山麓連山、そして広大な草原、その表面を縫うように蛇行する白く輝くあるいは、あるところは空の青を映した静謐な細い帯なす開都河…。「豊かな泉水」の意味のモンゴル語「巴音布魯克」で表現されるとおり、確かに広大な草原と豊かな水、そしてその上に広がる青々とした天空は、ここだけのものかもしれない。

図 43　巴音布魯克草原と天山山脈

図 44　草原の眺望（開都河の上流地帯）

♣文明と自然の恵み

巴音布魯克《バインブルグ》〜巩留《ゴンリュウ》（２２０㎞）間の国道わきでは、「現取蜂蜜」と書いた蜂蜜売りの屋台が多く、１リットル瓶入りを80元くらいで売っている（図45）。ただ、中には水あめを混ぜたまがい物もあるらしい。これはわが国も同じだ。

路傍で赤い三角形の小旗を振る女性や母子連れをときどき見かける。一見、ヒッチハイクのサインのように見えるが、そうではない。客の呼び込みだそうで、女性が多いが、いかがわしい娼婦などではなく、子ども連れの人もいる家庭の主婦である。自分の家へ客を誘って食事などを供してその代金をもらう商売だという（と言っても内職らしい）。場合によっては宿泊所も提供するという。その点では民宿であるが、客引きをする点はわが国では見ることのできない〝商売〟であろう。

後になって、カザフスタン共和国にも似たようなシステムがあって、やはり女性が道路わきで鍵をチャラチャラとちらつかせて客を呼び込んでいるシーンをテレビで見た。東トルキスタン地方には、古来こういうシステムがあるのかもしれない。

日本政府は２０１６年１月12日の厚生労働省・国土交通省の有識者会議で、空き部屋などを旅行者に有料で宿泊させる「民泊」を、カプセルホテルなどと同じ「簡易宿泊所」に位置づけ、都道府県知事などの許可取得を求める方針を

図 42　湖の風景

図 45　草原の蜂蜜売りと蜜に群がる観光客

固めた（朝日新聞２０１６年1月13日付）。客引きをするかどうかは別にしても、今後、日本でもここと同様のシステムが取り入れられるというわけである。

巴音布魯克～巩留間の国道沿いに数㎞にわたって続く小さな町の街灯に、各々太陽電池パネルと小型風車をつけたところが多い（図47）。日本にもこれらのいずれかをつけた街灯はあるが、両方をつけたところは見たことがない。地方の小さな町でこういう光景が見られるということは、中国が自然エネルギー分野に力を入れているのがよく分かる。

伊犁自治区の小さな町でも、やはり同じように太陽電池のパネルと小型風車をつけた街灯が続いているのを見た。日本は掛け声だけでなくもっとこの分野に力を入れるべきではないか、と思いながらそれらの町を通り過ぎた。

8 〝天空の草原〟新疆喀拉峻《カラジュン》（布拉克《ブラカ》）

８月２日、カザフスタン共和国へと西流する伊犁《イリ》河支流の特克斯《トクス》河沿いの街、標高約８９０ｍの巩留《ゴンリュウ》に宿泊した私たちは、その日の最初の目的地である喀拉峻草原を目指して南へと向かった（図48）。小さな谷沿いの斜面には石炭紀の砂岩や頁岩が傾斜70度以上に急立する箇所が多く見られ、かつての地殻変動の激

図 47　国道沿いの集落と風車を付けた太陽電池パネル

しさをうかがうことができる。いつのまにか丘陵性地形の標高約１９００ｍの峠を越え、大きく曲流する特克斯河の上流の特克斯の街に出る。

　さらに南に向かい、特克斯河の支流に入り大きなフィルダムを右手に見て1時間ほどで喀拉峻草原のゲート（標高１５８０ｍ）に到着した。ここからはシャトルバスに乗り換えて、平均標高約２０００ｍの広大な草原を行く。小起伏の準平原のような地形で、いくつかの浅い谷が入り組んでいる。展望がたいへん良く、行く手には天山山脈が望まれ、草原では多くの人々が集まって競馬の催しや羊の放牧が行われていた。標高２４４０ｍのシャトルバスの終点から、さらに高山植物の花々が咲く草原の中を１㎞ほど歩いた所で、氷河地形の天山山脈の展望を満喫した（図49）。

　昼食は草原で青空の下、目の前で羊の首を切り落とし、つり下げて血抜きをし、手際よく皮をはいでさばいての焼肉であったが、さすがに食欲は減退した（図50、51）。

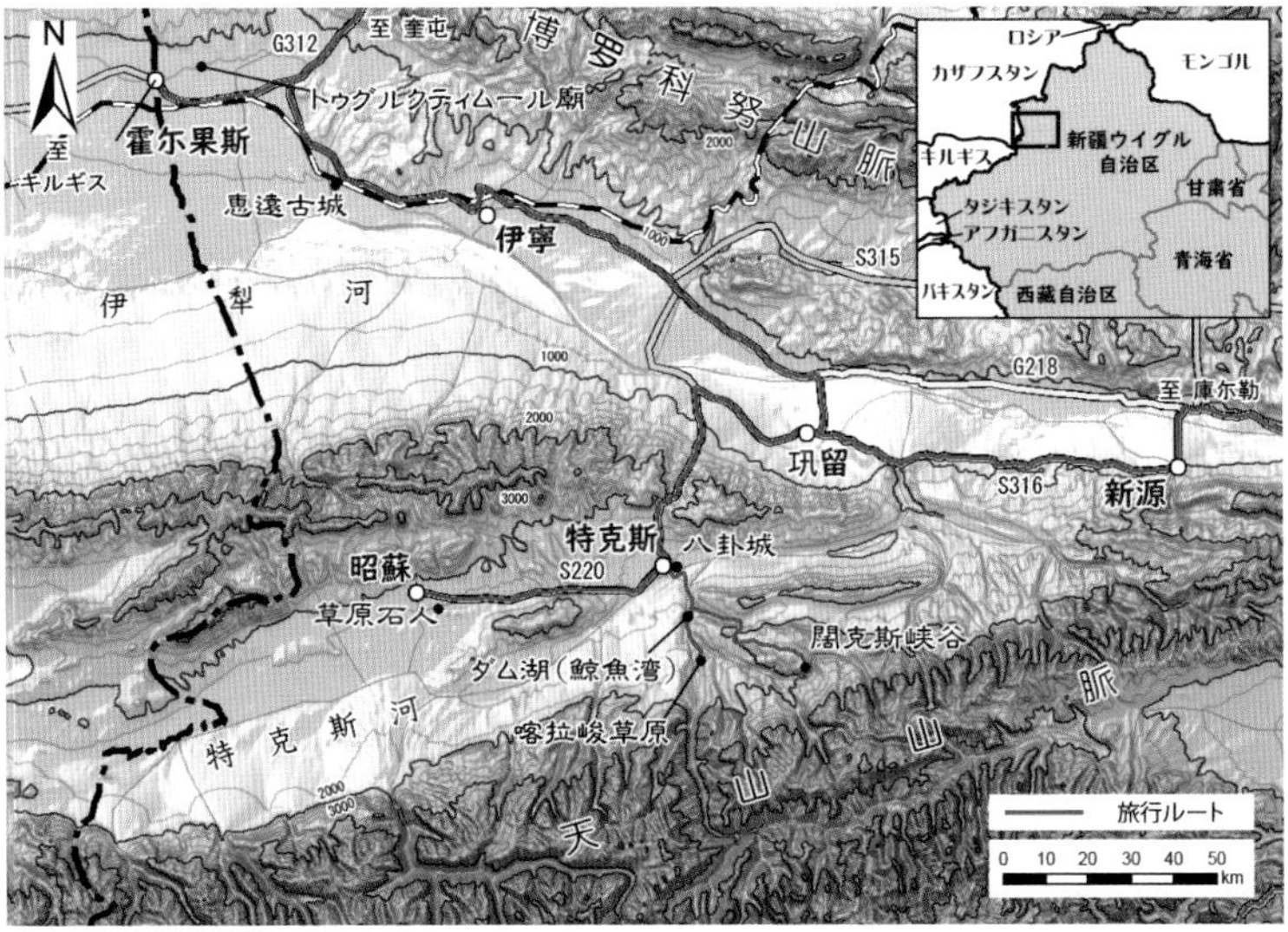

図48　喀拉峻草原周辺地図

昼食後、往路を戻りシャトルバスから専用バスに乗り換え、途中で見たフィルダムの貯水池へと向かう。ダムサイトからは観光船で25分かけて貯水池（水面標高１３００ｍ）の上流端まで行く（図52）。

ここでカートに乗り換えて標高１６５０ｍの準平原のような平坦な地形の展望台に着く。ここは喀拉峻草原の西隣に位置し、草原に続く同じ地形面と思われる。ここが世界自然遺産の闊克斯《コクス》峡谷である。眼下には比高３００ｍ以上の崖に囲まれて蛇行する河川の流れ（図53）、北方に目を移せば準平原を刻む峡谷の姿が望まれる（図54）。

さらにカートで上流に向かって進むと峡谷が終わり、天山山脈から流れ出る河川の谷や数段の河成段丘を一望する地点に立つことができた（図55）。そこからは「九曲十八湾」と称される開都河の雄大な景観と、その向こうの天山山脈の山並みが望まれる。時刻は午後7時半を過ぎているの

図 49　草原の花畑から南に天山山脈を望む

図 50　草原で羊の解体作業

図 51　昼食の準備（パオの室内）

図 52　ダム湖を遊覧船で上流の喀拉峻へ

だが、北京時間なので日没まで約3時間あって明るい。

　これらの地形を眺めているうちに、ふと、地形学者デービス（W. M. Davis：1850—1934）も100年以上前にここを訪れて、この地形を見たのではないかと私たちは話し合った。帰国してデービスの著書『地形の説明的記載』(1)を確かめると、天山山脈を旅行した際の簡単なスケッチや記載があった（図56）。まさに地形の教科書に出てくるような景観であり、私たちは時の経つのを忘れてメモをとり、それらの段丘地形をスケッチしたり写真撮影をしたりした。

♣八卦城《はっけ》

　8月2日、布拉克《ブラカ》の「天空の草原」への途中、ガイドの楊さんから特克斯《トクス》県の八卦城について簡単な説明を聞いた。城の地域を細か

図53　世界自然遺産の闊克斯峡谷

図54　準平原を侵食する闊克斯《コクス》峡谷

図55　峡谷直上流の天山山脈の谷出口と河成段丘

図56　フリードリヒゼンによるテンシャンの高地（上）およびテンシャンのブラルバスタウのスケッチ（下）（デービス, 1969）(1)

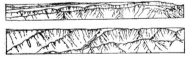

く見たわけではない。単にこの放射状の道路のうち、メインストリート（省道S220号）を通り抜けただけで、城の実態よりも外れを流れる割合大きい特克斯川が白く濁っていたことのほうが印象的であった。

そのときは楊さんから、この町が道教の八卦理論にもとづいて八角形の街として設計された世界最大の街であることや、放射状の街づくりの説明は聞いたものの、街を通り抜けただけではその幾何学的な実態はまったくつかめなかった。しかし、あとで中国のインターネットサイト「百度」で調べてみて、ここがなかなか特異な城域であることを知った。何よりも、街を上空から見ると道教の八卦にもとづく、しかもきわめて近代的な街づくりであることがよく分かる（図57、58）。

特克斯の八卦城が最初に建設されたのは南宋時代（1127―1279）らしい。道教全真七子の一人である龍門派教主「長春真人」こと丘處機《チューチウジー》が、チンギス汗に請われて、西域から治国扶民と不老長寿の方法を教授するために来たときに始まるという。彼は3年間天山を遊歴し、その途中で、山の剛気・川の柔順・水の盛脈が特克斯の河谷にみなぎっているのを感じ、風水の核心をなす〝八卦城〟の、坎北《かんぼく》・離南・震東・兌西《だせい》の易の4つの方位を決め、原始的な模型を作った。

それから700年後の1936年の冬、易に精通した丘宗浚《きゅうそうしゅん》が伊犁《イリ》の屯《とん》

図57　八卦城を空から俯瞰（百度による）

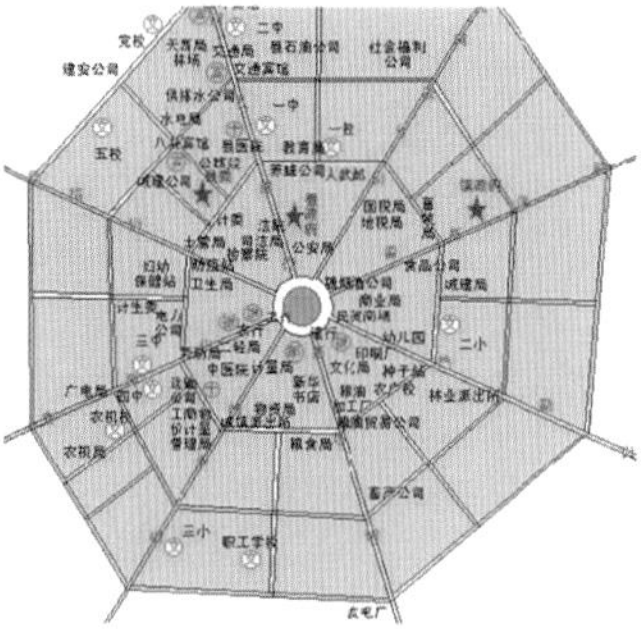

図58　八卦城の道路の布局（百度による）

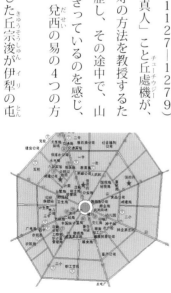

墾使《こんし》兼警備司令に任じられたとき、特克斯を調査してその模型を発見し、自ら今の八卦城を設計した。そして、1938年から建設が始まったのだという。国道の一部だけでなく、城域の環状道路だけでも観察しておけばと、残念に思ったことである。

［注］

（1）W・M・デービス著／水山高幸・守田　優訳（1969）『地形の説明的記載』大明堂。原著は1913年刊。

9　昭蘇《しょうそ》平原

♣烏孫《うそん》国の歴史

烏孫国はトルコ系住民の国で、天山山脈の北方、イシク・クル湖畔から伊犁《イリ》川の盆地を含む地域（キルギス共和国）で、今回の旅行では昭蘇平原地域がそれにあたる。烏孫国は大宛《だいえん》国（中央アジアのシル川中流フェルガナ盆地に位置したイラン平原住民の国であり、特産の〝汗血馬《かんけつば》〟で有名）の東北約800㎞のところにある。

烏孫国はまた、当時の匈奴国の西隣にもあたる。漢の武帝（前156―前87）の頃のこの地の王は昆莫《こんばく》といった。昆莫の父は難兜靡《なんとうび》といって西辺境の小国の王であった。ところが匈奴はこの難兜靡を殺して国を奪い、息子の昆莫を原野に捨ててしまった。しかし、不思議なことに烏がくわえてその上を飛び、狼が乳を飲ませて昆莫を育てた。このため匈奴の単于《ぜんう》は「もしかしたら、この男は神なのかもしれない」と思って、彼を引き取って育てたという。そのうえ、単于は昆莫に父親が治めていた国と民を与え、西域を守らせた。昆莫はやがて配下の者たちを引き連れて西に移動して烏孫国を建て、漢の武帝の時代には独立色を強め始めた（図59）。武帝は張騫《ちょうけん》（？—前114）の言を入れてこの国と同盟したが、5世紀後半にはモンゴル系の突然の侵入で衰えた。

♣劉細君《りゅうさいくん》の血を吐くような嘆きの歌

昭蘇平原（図60）がかつての烏孫国のあったところだと聞くと、《漢書・西域伝》の烏孫国の項にのる次の詩「烏孫公主歌」に見る、劉細君の血を吐くような嘆きのさまが思い出されてならない。《漢書・西域伝》は、「漢の元封中（前110〜105）に、江都王・劉建（武帝の兄の子）の女《むすめ》・劉細君を遣《つか》わして公主と成し、以って妻《め》あわす。（中略）烏孫国王・昆莫、年老い、言語通ぜず。公主、悲しみ愁《うれ》いて、自らために歌を作り曰《いわ》く」として、次の詩を引用している。

吾が家の我を嫁《か》す　天の一方
遠く異国に託す　烏孫王

図59　烏孫国とその周辺の国々（紀元前2世紀頃）

穹盧《きゅうろ》を室《しつ》と為《な》し、氈《せん》を牆《しょう》と為す
肉を食と為し　酪《らく》を漿《しょう》と為す
常に漢土を思い　心内に傷《いた》む
願わくば飛黄鵠《ひこうこく》と為《な》りて故郷に還らん
（わが朝廷は、私を天のはずれにある遠い異国・烏孫国王のもとに、嫁がせました。ここではテントが部屋、毛氈が仕切りなのです。羊の肉が主な食べ物だし、ヨーグルトが飲みものとなります。私はいつも、故国・中国のことを思っては、心が痛みます。できることなら、大空をかけることのできる黄鵠の鳥（白鳥の一種）となって故郷に還りたい…。）

この望郷の歌は、末尾の句からとって《黄鵠歌》と呼ばれている。紀元前110～105年（漢の武帝の時代）頃のことである。漢の北部や西部の国境は匈奴（遊牧民族）の支配する国家と接していたため、その侵攻からどう国を守るかが歴代王朝の最大の悩みであった。秦の始皇帝にあの長大な万里の長城を築かせたのも、匈奴侵入の危機感からであった。

そのほか、懐柔策として皇帝の娘を嫁がせたり、金品を与えたりすることも

図 60　天山山脈の北麓に広がる昭蘇平原
劉細君はこのようなところに降嫁されたのだろうか.

多かった。その犠牲となったのは、たいてい歴代の皇帝の娘たちか後宮の女官であった。このような皇室の娘を「公主《こうしゅ》」と呼び、胡族の王たちに降嫁《こうか》された公主をとくに、「和番公主《わばんこうしゅ》(1)」と呼んだ。

ところが、元封６年（前１０５）、漢の武帝のときのそれはとりわけ哀れであった。悲劇の主・劉細君は、漢の武帝の「皇女」と偽って烏孫国に嫁に出されたのである。彼女の祖父・劉非《りゅうひ》は武帝の兄で、呉の国を滅ぼした功績によって、江都国（現在の江蘇省）を与えられており、その二代目が劉建で武帝の甥にあたる。ところが、彼は淫暴な振る舞いが多いため、元狩２年（前１２１）に些細な失敗を口実に武帝から自殺においこまれ、国は取り潰された。その遺児の劉細君は武帝にとっておじと姪の関係になる。そんな彼女を自分の「皇女」にしたてて、匈奴の烏孫国―「烏孫は、西域のえびすのうちでも、最も異形のもので、…形は猿に類する」と、唐の顔師古《がんしこ》（５８１―６４５）の『漢書』の注にある―へと嫁がせたのである。この策略は、じつは西域通で知られる張騫の上奏にもとづくものと言われている。

広大な昭蘇平原のゴビにちかい草原を眺めて思ったものである。「天の一方」たる遠く離れた異国・西域のこの地の、しかも碧眼で肌は白く、漢人からみると異型とみられる70歳の老人である烏孫国王・昆莫へと嫁がねばならなかった劉細君も哀れだが、それと引き換えに、漢の武帝のもとへ送られてきた烏孫国の娘も同様であったろう。ここに記した劉細君の歌のように、やはり「願わくば飛黄鵠と為りて故郷に還らん…」との思いは同じであったに違いない。

なお、劉細君の悲嘆があまり甚だしかったので、昆莫は劉細君を実際には息子の公子・岑娶《しんしゅ》にめあわせた。岑娶は細君をこよなく愛し、やがて２人の間には王女・少夫《しょうふ》が生まれたが、細君は慣れない生活に疲れ、望郷の念にさいなまれながらこの地で亡くなった。

このような「和蕃公主」を送って周辺の異民族を懐柔する策をとり始めたのは、漢帝国の高祖（劉邦）のとき、匈奴の王・冒頓単于《ぼくとつぜんう》との間に和平の盟約が成り、公主を降嫁する約束がなされたのが最初である。それ以降、唐代ころまでに降嫁された哀れな女性は数十人を数える。

♣烏孫国の〝汗血馬〟の子孫（？）

昭蘇平原には馬の牧場が多い。頭数がそれほど多いわけではないが、あちこちに馬が放牧されている。その姿はなかなか優美で、写真を撮ろうとすると、それと気づいてゆっくりと遠ざかっていくさまは、気品があり、優雅でさえある（図61）。それは「やはり〝天馬〟の子孫か？」と思わせる美しさだ。

前漢時代、〝汗血馬〟が飼育されていたのは、大宛国とその東隣の烏孫国の2国だけであった。《史記・大宛伝》に、前漢の将軍・李広利《りこうり》が大宛国を討って手に入れた名馬が汗血馬である。一日に千里（約５００㎞）を走る駿馬で、血のような薄い紅色の汗をかいたため、こう呼ぶという。特に白馬の場合に汗の色が目立ったのは言うまでもないことである。

汗血馬はもともと大宛国（フェルガナ：烏孫国の西方で現在のイランの東方地方：図59）の高山に棲んでいたため「天馬《てんば》」と呼ばれていた。人々は何とかして捕まえようとするが、なかなか捕まえることができない。そこで知恵のあ

図61　牧草を食む〝天馬〟の子孫

る者が思案をめぐらし、色の違う美しい雌馬を5頭その山麓に連れて行って放牧して様子を見ていると、天馬が山から下りてきて雌馬と交わり、ようやくその子孫（汗血馬）が得られたという。汗血馬は匈奴の馬の1・5倍以上の大きさがあり、その走る速度はもちろんのこと、地を蹴る足の運び、尾をなびかせた流れるような駆姿《くし》、さらには進み行く先を見据える瞳の輝きは、まさに〝天馬〟と言ってよかった。《易経》には「神馬西より来るべし」という記述があったため、武帝はこの烏孫国の馬を「神馬」と名づけようと考えた。だが、「神馬」では天《あま》かける姿が彷彿としないため、「天馬」の名を烏孫国の馬に与えたという。

太初3年（前102）、武帝から李広利に大宛征伐の命が下った。漢軍に敗れた大宛は、最上級の大宛馬「天馬」を数十頭と、それに次ぐ雌馬合わせて3000頭を贈った。武帝は感謝して次の歌を詠んだ。

天馬来たる　西極より
万里を経て　有徳《うとく》に帰す
霊威を承け　外国に降る
流沙を渉り　四夷に服す

私たちは〝汗血馬〟の子孫、〝天馬〟の子孫が颯爽と駆ける姿を見ることはできなかったが、ゆっくりと草を食む色つやのいい優美な姿から、その雄姿を空想したものである。

［注］

（1）中国の皇帝や王族の娘で、異民族の君主を壊棄するため（このことを和番という）、それに帰せしめた人をいう。

10　カザフスタン共和国との国境、霍尔果斯《ホルゴス》へ

8月3日朝8時半過ぎに昭蘇《しょうそ》を出発して、伊寧《イーニン》の北西にある霍尔果斯へ向かう（前掲図48）。10時過ぎに休憩を兼ねて「草原石人」を見学した。漢代でいえば烏孫《うそん》国であった天山山脈の草原の真ったただ中に、ぽつんと忘れられたように、この地方独特の文化遺産「草原石人」はある。

同様の石人は伊犂《イリ》州の各地にあるらしく、一般に墓地に立てられたものらしい。もとは直方体の花崗岩（？）を用いて人体の上半身を彫刻した塑像で、形は稚拙で素朴な荒削りの風格のある像である。日本の一刀彫の石刻版といった趣があり、いずれも東向きに立てられている。

草原石人の前にある説明文によると、これらの石人は5～6世紀の隋・唐時代に、天山山脈の北麓に住んでいた突厥《とっけつ》人（トルコ系の遊牧民）の文化遺産で、「突厥墓前石像」と呼んでいる。《隋書・突厥伝》には「突厥は、死者の亡骸をテントの中に置き、その親族は多くの牛・馬を殺して死者を祀り、…吉日に亡骸

図63　草原石人（親と子ども？）

図62　西突厥の王子の形をした草原石人

を馬上において此れを焚し、その灰を…」と記されている。図62の草原石人は、唐代の西突厥の王子の形を伝えたものとされており、頭にはかんむりを付け、髪は体の後ろに腰の脇までたらし、両手を胸の前で組んでいる姿だという。そのすぐ近くにある3体の像（図63）は、親子の草原石人であろう。

霍尔果斯には午後4時頃に到着した（図64）。霍尔果斯は伊寧から北西90㎞のところにあり、カザフスタン共和国との国境の街である（図65）。地名の由来は「水が流れた所」の意味だ。国境には税関と霍尔果斯国門景区という建物が併設され、霍尔果斯河までは遊歩道が整備されている。霍尔果斯は２０１４年６月に市として発足し、面積１９０９㎢、人口6万人（２０１９年）を擁する、貿易が盛んな国際都市として発展している。

バスを降りて遊歩道を進んでいくと、最初に鳥の絵と「18」と書かれた茶色の石碑が目に入る（図66）。説明では清代（１８８２年）にロシアとの国境を制定したが、石碑建立の際に清の高官が立ち会わなかった

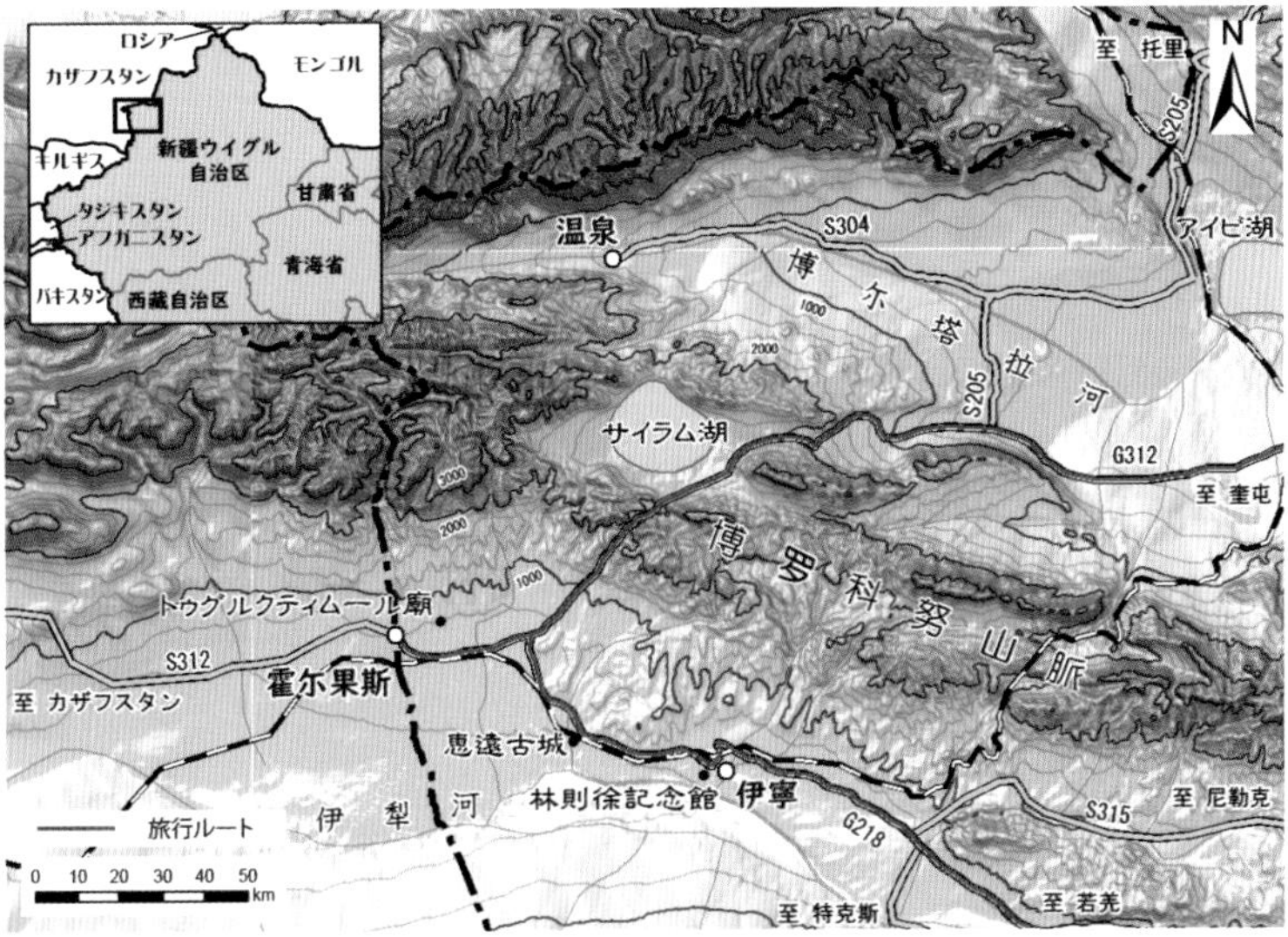

図64　霍尔果斯周辺地形図

ため、実際には制定した国境線から約20kmあまり清側に食い込んだ場所に石碑が設置されたとのことである。この碑から100mほど西に進むと、現在の国境を示す「中国324」と赤い字で書かれた石碑がある（図67）。

国境には伊犁河支川である霍尔果斯河（国境の河川）が流れ、河川敷には鉄条網が延々と張り巡らされている。税関方向には銃を持った警備兵が立ち、ガイドに「写真撮影は禁止」と注意を喚起される。無断撮影した場合、カメラやビデオなどが没収されることもあるそうだ。2011年の天山南路の旅行の際に訪れた中パ国境（紅其拉甫《クンジュラブ》峠）では、警備兵（パキスタン兵と中国兵）がいるもののたいへん友好的で、私た

図66　清代（1882年）の国境石碑

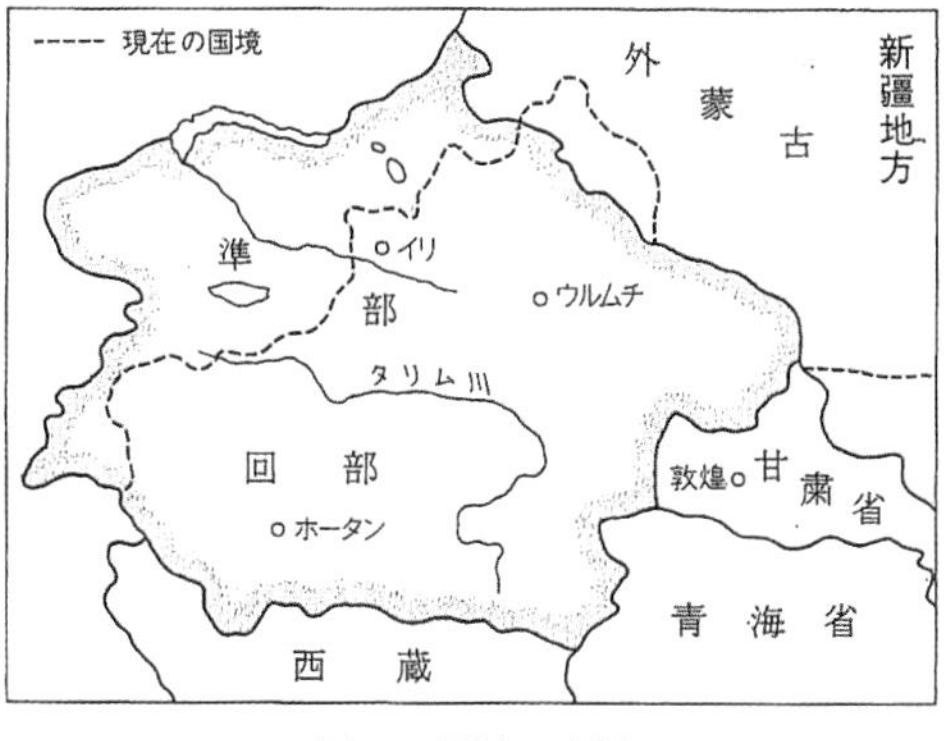

図65　国境の変遷

図67　現在の国境石碑
石碑の左後方の距離ポストには「国道312号 4818km《上海起点》」と記されている.

図68　吐虎魯克・鉄木尔汗麻扎廟

ちとの写真撮影にも気楽に応じてくれた。同じ国境でも大違いである。

その後、20時近くに、吐虎魯克《トゥグルク》・鉄木尓《ティムール》汗麻扎《カンマザール》廟（墓地）を訪れた（図68）。吐虎魯克・鉄木尓麻札（１３３０頃—１３６２）はチャガタイ汗国の開祖、チャガタイ（チンギス汗の第二子）の子孫（チンギス汗の7代目）で、阿克蘇《アクス》生まれの英雄である。

18歳で王となり（１３４６年）、24歳の時に16万人を連れてイスラム教に改宗した。モンゴル族のトルコ化・イスラム化を進め、新疆地区で初めてイスラム教を信奉した国王である。自分の力を強くするための改宗であり、36歳の時喀什《カシュガル》で亡くなったが、ここに戻して墓をつくった。廟の建物はイスラム独特のモスク様式で、壁には幾何学的模様が描かれ、新疆における最古のイスラム建築様式を持つという。見学後、夕陽を背に伊寧に向かい、伊犁大酒店に宿泊した。

11　悲劇の城・恵遠《ユエン》故城

８月４日午前中、伊寧《イーニン》から西約40㎞の伊犁《イリ》河北岸に位置する恵遠故城を見学した。恵遠故城は清朝が伊犁防衛のため築いた城で、清代の政治・軍事・経済・文化の中心地であり、城内には４つの大路と48の小路が整備され、「小北京」と称されるほど繁栄したという。ガイドの楊さんによると、乾隆《けんりゅう》帝が「乾隆帝の恵みは遠くこの地まで及ぶ」という意味で「恵遠」と命名したという。

現在の恵遠故城は１８７５～１９０８年に再建されたもので、伝統的な中国風の三層の木造建築である鐘鼓楼（図69）を戴き、城門からは四方（東西南北）に向かって大通りが延びており、北京の紫禁城を模して造られた。清代には交通の要衝として大いに賑わったという。また、林則徐《りんそくじょ》（1785—1850）がここで灌漑用水路建設の指揮をとったとされる。現在は高速道路からはずれた場所にあたるためか、観光客はあまり見られず、周囲は日常の生活用品を売る屋台が点在する（図70）、寂れた風景である。私たちは写真撮影の後、足早にバスに乗り込んだ。

ところが、帰国してから歴史資料を紐解くと、この伊犁周辺にはすさまじい戦乱の歴史があることがわかった。伊犁地域は温暖な気温と豊富な降水がある地味豊かな土地で、漢族・満族・シボ族・回族（東干《トンガン》）・モンゴル族・キルギス族など多様な民族が混在する人種の坩堝《るつぼ》である。民族が違えば生活様式も異なり、さらに宗教問題も絡むため、統治は相当困難を極めたようだ。

この地域は古くは烏孫《うそん》国に属し、1757年に清朝（乾隆帝）が准噶尔《ジュンガル》地域を征服したことにより旧准噶尔領の伊犁盆地と塔里木《タリム》盆地は清朝の支配下に入り、イリ・ジェチエン（Ire jecen：新疆、新たな征服地）とよばれた。1762年には新疆支配の統括機関として伊犁将軍府が設置され、旗人の明瑞《ミンシエン》を伊犁将軍に任命した。なお、伊犁の地名は伊犁河による。翌1763年に伊犁河北岸に恵遠城が築かれ、伊犁は政治や軍事・交通の要衝として大いに栄えたという（その他8つの城が造られて「伊犁九城」と称された）。

図69　再建された恵遠故城の鐘鼓楼（右）と案内板（左）

しかし、それから約１００年後の１８６６年、新疆の各地に居住する東干《トンガン》（イスラム教を信仰する漢族：回教徒）が「同治の回乱」と呼ばれる大暴動を引き起こした。伊犂において東干の反乱により13万人の漢族・満族が大虐殺され、恵遠城は爆破されてしまったのである。１８６８年にこの混乱に乗じてロシアが南下すると東干の反乱は治まるが、伊犁周辺を不法占拠してしまった。１８８１年にロシアと「伊犁条約」を締結して、多額の賠償金と引き替えに、霍尔果斯《ホルゴス》河を境に東側が清国の領土となった。その後、１８８４年に清朝は新たに新疆省を設置し、中国内地同様の行政を敷いたのである。その結果ウイグル族は自治を取り上げられ、半ば強制的に漢民族の支配下に置かれて現在に至っている。

漢族と東干の対立はモンゴルが支配していた元代頃から見られ、当時は東干の方が横暴で漢族に対してひどい仕打ちをしていた。明代になると漢族支配国家が進める中華思想に同化しない東干がいらだたしく、漢族と東干の対立は決定的なものとなった。清代になると漢族の役人が東干を侮辱・冷遇・虐待したため、怒った東干が反乱を起こそうとするも、「洗回」といって回教徒である東干を一掃したり、皆殺しにした。このような積年の恨みが東干の反乱「同治の回乱」につながり、それに他民族も合流してすさまじい戦乱となったのである。人種の坩堝では、ある民族が利益を得ると、反対にその他の民族が被害を蒙り、

図 70　恵遠城前の屋台

これに宗教問題が加わると統治がきわめて困難であろうことを、今回の旅で実感した。

ガイドの楊さんは烏魯木斉在住の漢族であり、自らの民族の暗い歴史を説明するのに気が引けたのであろうか、それとも日本人である私たちに配慮したのであろうか、この疑問は旅の印象と共に未だ解けていない。南京大虐殺では、日本は中国から自虐史観を求められるのが常であるが、かつて伊犁盆地で行われた虐殺の歴史はもっと悲惨なものであり、殺し殺された民族同士が現在は共同生活を営んでいる中で、一方的な歴史観は成り立たないと、歴史の皮肉さを実感した。

再建された恵遠故城は歴史の何を語ろうしているのか。無言の恵遠故城を後に、我々はこれから奎屯《クイトン》までの長距離のバス移動に供えて購入した焼きたてのナンと各人ワイン1本ずつを手に、准噶尔盆地の南縁を天山山脈に沿って東方・奎屯までの５００㎞の旅へと向かう。伊犁地方は歴史に翻弄され続けてきたが、ナンの味だけはどんな戦乱があろうと今後も変わることはないであろうと確信し、車窓から眺める天山山脈に別れを告げた。

♣林則徐《りんそくじょ》記念館

伊寧《イーニン》市の辺境経済合作区に「林則徐記念館」がある。林則徐（１７８５―１８５０）は福建省の人のはずなのに、なぜここに記念館があるのか不思議で仕方なかった。調べてみると、彼はアヘン禁止論を首唱して欽差《きんさ》大臣（天子の命による大臣）として広東でイギリス人が密輸して持ち込んだアヘンを焼き捨てて、アヘン戦争をひき起こした張本人である。その責任を問われて当時の新疆省の伊犁《イリ》に左遷され、伊犁を守護するように命じられた。体のいい流刑である。当時の清朝としては、戦勝国英国の手前、張本人の林則徐を流刑に処せざるを得なかったのであろう。

　林則徐は伊犁では開墾に尽力し、水利工事を行い、現地の人々を幸福にしたので、この地方の人々から尊敬された。そんな林則徐の功績をたたえて、この記念館が建てられたという。記念館（図71）の面積は約1万㎡で、館内には林則徐の一生と伊犁を守護していた頃の写真や遺品などが陳列されている。陳列は、①官吏への道、②アヘンと抗英、③新疆での活動、④永遠に不滅の功績、などに分けて展示されている。なかでも注目されるのは車輪の高さ1mもある木製の車で、林則徐はこの車で山や川を越えて伊犁にたどり着いたと言われている。林則徐記念館は、ここ以外に福州や広州・マカオなどにもあるという。

♣賽里木《サイリムノール》湖

　伊犁盆地に別れを告げ、国道312号を北上しボロホロ山脈の峠を越えると、眼下には青く澄んだ広大な賽里木湖が出現する。サイリムノールとはモンゴル語で「山陵上の湖」という意味である。湖畔の周辺は多くの観光客であふれており、駱駝（図72）や馬の湖畔遊覧をしきりに勧められるが、私たちは天山南路の旅（火焔山）で苦い駱駝体験があり、丁重にお断りした。この湖は標高2073mで中国国内で最高標高に位置する湖である。湖は楕円形をしており、外周約90㎞、最大水深90・5mである。

図71　伊寧の街並み（左）と林則徐記念館の入口（右）

しばし湖の雄大な景色を堪能した我々はバスに戻り、奎屯《クイトン》へと急ぐ。バスは湖を左に見、右はボロホロ山脈の山麓に沿って走り、やがて車窓右側は肥沃な穀倉地帯となり、黄色に染められたひまわり畑（図73）や小麦畑が一面に広がる。精河を越える頃には、バスは夕日を背に受けるようになり天山北路を東進していることに気づきながら、旅の疲れか、まぶたが重くのしかかる。

12　広大な准噶尔《ジュンガル》盆地を横断

　8月5日、奎屯《クイトン》市を出て北北東へと准噶尔盆地（38万㎢）の西縁を北方へと進み、典型的なヤルダン地形の魔鬼《まき》城を経て、准噶尔盆地から阿尔泰《アルタイ》山脈に入る予定だ（図74）。奎屯市から阿尔泰山脈の南麓にある賈登峪《かとうよく》まで約６３０㎞を走るのだ。日本で言えば東京～大阪くらいの距離である。中国第2の沙漠（古《ギュ》尔班通古特《ルバンテュンギュト》沙漠）を横断するのかと思うと、その広さにウンザリする気持ちと、興味津々の気持ちとが相半ばする。

　人口21万人（２０１９年）の奎屯市（この地方で伊寧《イーニン》の次に大きい町）の北方郊外でバスを止めて、天山山脈の東端部分を遠望して写真を撮った。国道の両側には明るい綿花畑が広がる。ということは、この地域は水が十分にある土

図 72　賽里木湖畔の観光駱駝

図 73　天山山脈北麓のひまわり畑

地ということであろう。

　天山山脈はマクロに見ると「フ」の字の形になっていて、北と南の山脈に別れている。31日に泊まった巴音布魯克《バインブルグ》はその谷間のような高原に位置する。その東約250kmのところにある「フ」の字の二股がつながった東端付近に吐魯番《トルファン》があり、烏魯木斉《ウルムチ》や奎屯は北側支脈の北麓に位置している（図74）。

　准噶尔とは、モンゴル語で「左手」とか「左翼」を意味するジェギュン・ガル（jegun-Yar）から来ていると言う。モンゴルの遊牧国家は右翼（barayun-Yar）、中央、左翼（jejun-Yar）の三部構造をとっており、オイラート部族の政権では、左翼を担っていた者たちが「准噶尔」と呼ばれるようになったという。ともかく北方を見ると、地平線のかなたまで沙漠（ゴビ）が続いている。

　しばらく走ると、広大な地域に太陽光発電の

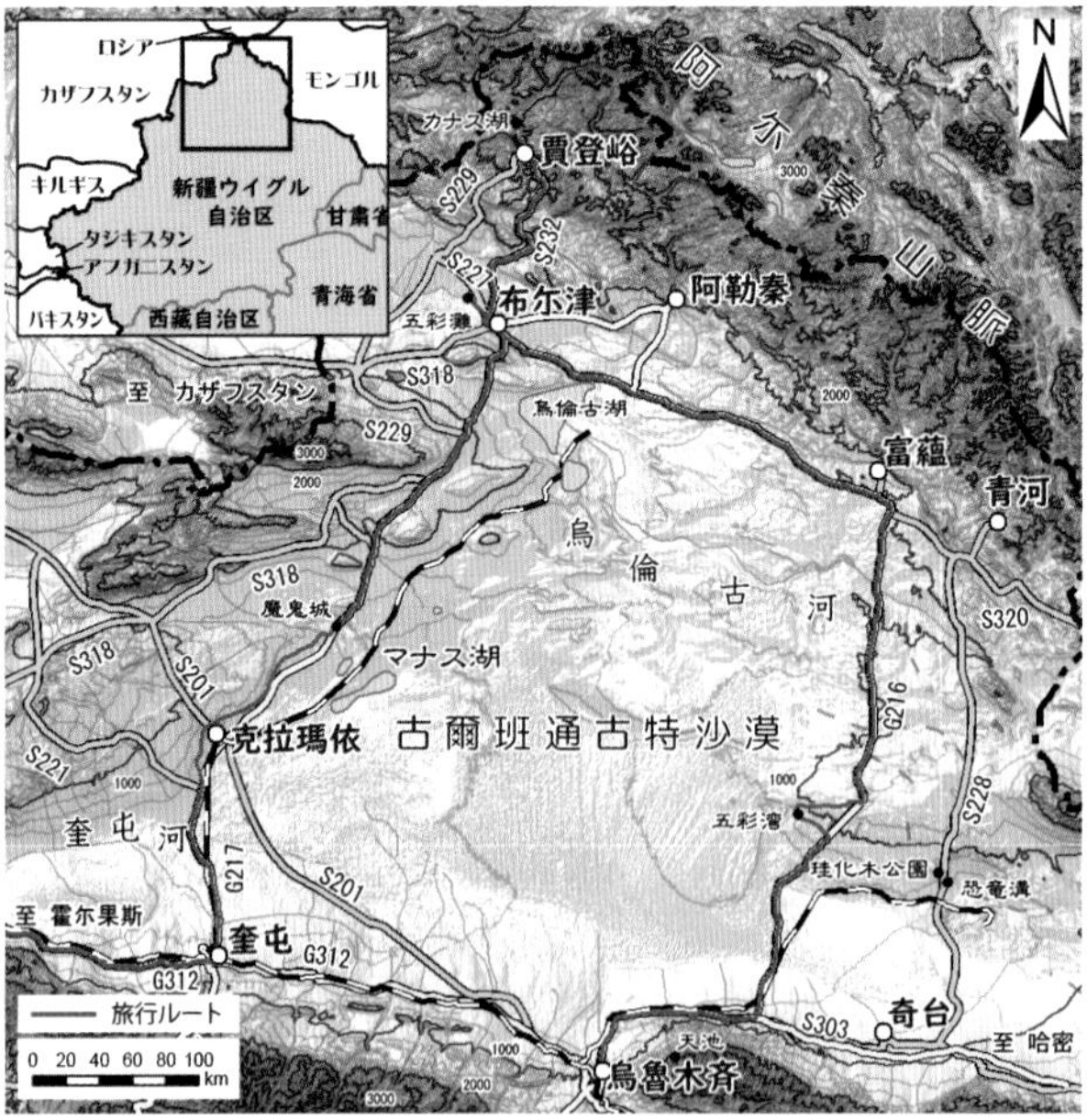

図74　准噶尔盆地地形図

パネルが延々と続く。そこを過ぎてしばらく走ると「一二九団」とか「一二八団」と記された集落（町）を通った。数十年前まで解放軍の兵隊が駐屯していた集落が、今では小さな町になっている。

奎屯から北へ１２０㎞ほどのところに克拉瑪依《カラマイ》市がある。人口31万人（２０１９年）の町だ。この町は１９６５年に中国で初めて石油が見つかったところで、それ以降、油田開発のための町として拡大発展してきた。ソ連は「中国に油田はない」と言っていたが、地道な地質調査の結果見つかったという、中国人自慢の油田である。克拉瑪依油田は後に述べる魔鬼城の近くにあって、地質としては白亜紀の砂岩（灰色〜カーキ色）が中心で、風化によってもろくなり、「ヤルダン地形」を作りやすい。同層の中には恐竜の化石が多いという。

高速道路の東北の地平線の方向には阿尓泰《アルタイ》（「金の山」の意）山脈が望まれる。そこまで平坦で単調なゴビが延々と続く。そんな荒涼としたゴビであっても、国道に平行して細々と電線が引かれているのを見ると、やはり「人の棲む気配のある沙漠」であることに、妙に感動する。塔克拉瑪干《タクラマカン》沙漠北縁のシルクロード（天山南路）でもそうであったが、人間の開発の痕跡が高速道路と平行して認められるのは、何となく心強く感じられるものである。広大なゴビ灘《タン》に入ると、野生の馬が時々見られる（図75）。

午後4時50分、小さな集落（ホシトルガン：炭鉱の町だという）で店を捜して昼食をとる。ラグ麺の食べられる店を捜した。ラグ麺は天山南路のシルクロードでも何回か食べていて、馴染みがあっておいしい。麺にかける具は、ピーマンやたまねぎ・ササギ（まめ）・羊肉などを小さく刻んだもの。麺の太さは日本のうどんと同じくらいだが、大変腰が強くておいしい（図76）。生ニンニクの塊を出され、好みによって入れて食べる。日本のニンニクに比べて苦みがほとんどない。ガイドの楊さんが「喀納斯《カナス》湖まであと３５０㎞くらいです」という。その日は喀納斯湖までは行かずその手前の賈登峪《かとうよく》の宿舎までだが、まだ３００㎞はありそうだ。

北方に行くにつれて地形の凹凸が激しくなり、ゴビのあちこちにはモンゴル式のゲル（中国では包《パオ》と呼ぶ）が増えてくる（図77）。

昨夕、奎屯のスーパーマーケット（超市）で、我々は各人1本ずつのワイン（１３６元）を買った。退屈を紛らわすために夕方5時過ぎになるとワインをあけ、昨日の残りの球形のナン（フランスパンのように堅い）をちぎって肴に、ちびりちびりやりながら車窓からゴビ灘を観察するのである。

5時過ぎ、広大な烏倫《ウロン》湖（1辺が60㎞ほどの三角形をした塩湖）が見えるところで、時間調整を兼ねて30分ほど休憩する。警察では前の計測地点から次の計測地点までの時間を計測していて、その間の車のスピードが計算されるため、時折時間調整をしてスピード違反で捕まらないようにする。この間、我々はトイレタイムにもなる。

午後7時頃、烏倫湖の南方の丘陵峠付近で、やはり時間調整のための休憩を取った。そこにはいろいろの毛皮や革製品・珍しい石などの露天販売の店があった（図78）。もう夕方で風が強くなってきたためか、我々が休んでいる間に店じ

図 75　ゴビの野生馬

図 76　ラグ麺

まいを始めた。私たちを見て商売になりそうにないと踏んだのだろうか。

布尔津《ブルキン》（図74）を過ぎて少し北に行くと、丘陵の上には１００基以上の風力発電用の風車が連なっている（図79）。

♣天山北路に多いソリフラクション

天山北路の山腹は植生（草本が主で、谷部などに樹木が多い）があり、標高２０００m前後の草本を主とした山腹では、寒冷地特有のソリフラクション[1]が各所で認められる（図80）。その発達状況を見ると、次のような特徴がある。

①割合、東西斜面の傾斜のやや急なところに多い。
②岩盤の表層風化層があるところ（30㎝前後）にできやすい。
③薄い崖錐にもできやすい。
④新しい崖錐のところにはできにくい。

図77　放牧民の野営地とゲルの脇にある太陽光発電のパネル

図79　ゴビに連なる風力発電の風車

図78　丘陵峠付近に店開きしていた毛皮屋

⑤牧羊などが歩き回ることによって、表層土砂の移動が促進されるようである。ソリフラクションの発達する斜面は、平面的には山腹斜面が横に細長いうろこ状に、幅10～20㎝の無植生のところがあるので識別しやすい（図81）。経時変化を見ているわけではないので、その下方への移動速度はよく分からないが、年間2～3㎝だろうと推定される。牧羊などの放牧地では無植生部分は、牧羊などの歩行路に利用されると、一段と無植生になり、ブロックの移動も大きくなるように見える。

♣克拉瑪依《カラマイ》油田

准噶尓《ジュンガル》盆地の西北縁にある克拉瑪依（ウイグル語で「黒い油」の意）は新しい油田の町である。烏魯木斉市からだと312㎞北方に離れている。同所の近くにある天然コールタールの丘・黒油山から名づけられた「魔鬼城《まき》」のすぐ近くにある。かつては「草もなく、水もない、小鳥さえ飛ばない場所」だと言われてきたが、清朝の光緒23年（1897年）に石油ボーリングが始まった。1909年に深度20mの石油浅井戸が掘られたが、中華人民共和国の成立（1949年）までは、2つの油井が掘削されただけで、石油の産出量は年に2～3トンに過ぎなかった。

1949年に中華人民共和国が成立すると、政府は1951年から数回にわ

図80　ソリフラクションの発達斜面

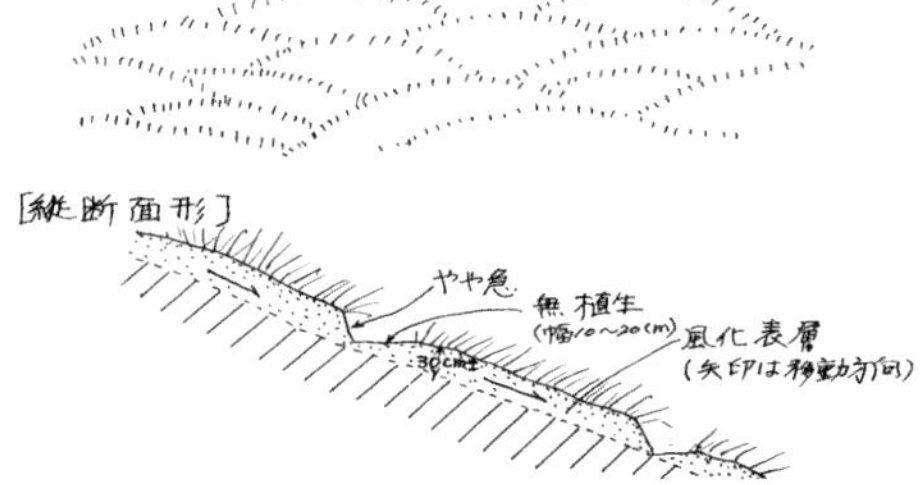

図81　ソリフラクションの模式図

たって地質調査団を派遣し、大規模な石油探査を組織的に実施した。１９５５年10月29日、黒油山の近くの1号油井から工業用石油が噴出し、「克拉瑪依1号油井」と命名された。それ以降、次々に油井が開発されて、今日の克拉瑪依油田となっている（図82）。１９８２年10月には、油田開発の記念碑が建てられたという。

♣魔鬼《まき》城

今回の旅行で、先に紹介した『地形学辞典』に記された「ヤルダン地形」（前掲図22）の定義に一番それらしく見えるのが、魔鬼城であった（塔克拉瑪干《タクラマカン》沙漠にはいくつかの「魔鬼城」があり、ここは正式には「烏尔禾《ウルホ》魔鬼城」と呼ばれている）。准噶尔《ジュンガル》盆地の西北端・佳木《チャム》河の下流、克拉瑪依《カラマイ》市の南西１００㎞のところにあり、克拉瑪依油田に隣接している（図83）。魔鬼城からは、油田の多数の採油機が盛んに稼動しているのが見える。

魔鬼城はほとんど水平層をした白亜紀の砂岩優勢の砂岩・泥岩互層で、地域全体が白みを帯びたカーキ色をしていて埃っぽく、のどの渇く景色である。遠方から見ると荒廃した中世の城―天山南路の旅で見た高昌《こうしょう》故城とよく似る―を思わせる。これを夕日の逆光で見たらすばらしいに違いない。地形・地質屋にとっては味気なく、あまり面白くない侵食地形であるが、そんな大小の突兀《とっこつ》とした

図 82　克拉瑪依油田と採掘風景

土柱や石林が幅５km・長さ10kmにわたって連なり、観光資源になっている。

なぜ「魔鬼城」なのか？　ガイドの楊さんの説明によると、克拉瑪依油田の探査やボーリング調査に来た人たちがその付近で野営していると、風の強い夜には無数の魔物や鬼が吼えるようで恐ろしい目にあったそうだ。それ以来「魔鬼城」と呼ばれるようになったという。

現在この地区には魔鬼城の観光用に環状道路が建設されていて（図84）、５～６両編成のカートが何連も走っている（図85）。その乗車地点は、径２ｍほどの大きな樹木をくりぬいた形を模した建物で、10分おきくらいにカートが発着している。途中４カ所で各10～20分くらい停車し、その付近を散策して見学したり、写真を撮ったりする時間がある。やって来たカートに自由に乗れば良いからである。周辺を太いタイヤのついた沙漠用オートバイを借りて散策することもできる。

長い間に侵食されたヤルダン地形を横から見ると、

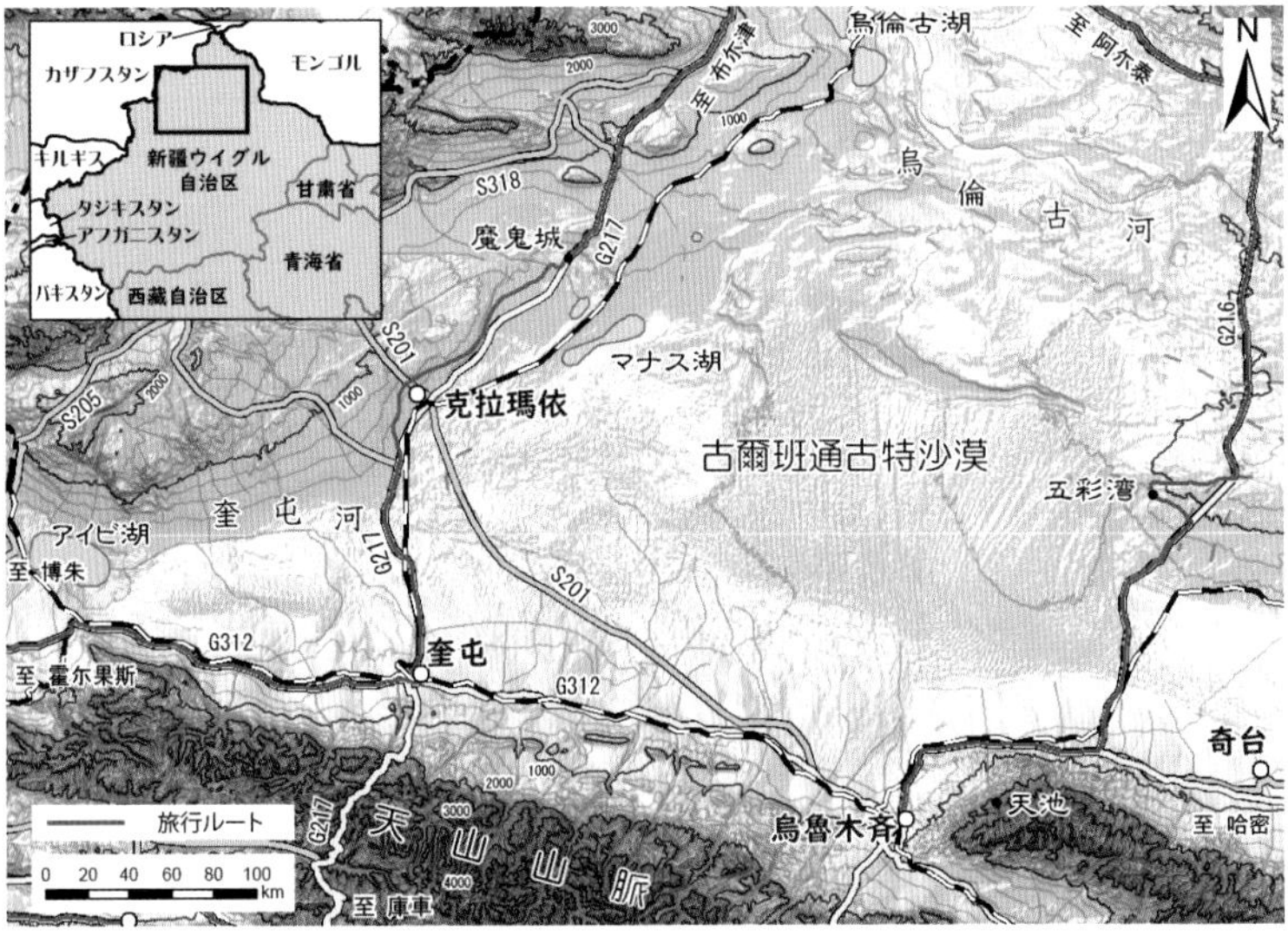

図 83　魔鬼城周辺地形図

筍や獣・鳥・トーチカ・茸などに似た形をしている。ある部分は軍艦のようにも見える（図86）。その独特の風景のために、映画のロケにもよく使われるそうで、中国映画「七剣」とか「天地の英雄」などもここでロケが行われたそうである。

ここからメノウがみつかり、准噶尓《ジュンガル》翼竜の化石も出土したという[2]。この地下には石油が埋蔵されているというが、すぐ隣で克拉瑪依油田が稼動しているのだから当然だと思われる。

♣太陽光発電の恩恵

天山山脈の北側山腹斜面や准噶尓《ジュンガル》盆地の西北山地などに入ると、モンゴル系の遊牧民の集落が増える。真っ白の包《パオ》（モンゴル語では「ゲル」、キルギス語では「ユルト」と呼ぶ）があちこちに見え、数百頭の食肉用の羊や山羊がのんびりと草を食んでいる。山腹は天山山脈南側よりもかなり緑が多く、谷間には糸杉に似た針葉樹が目立ち、ヨーロッ

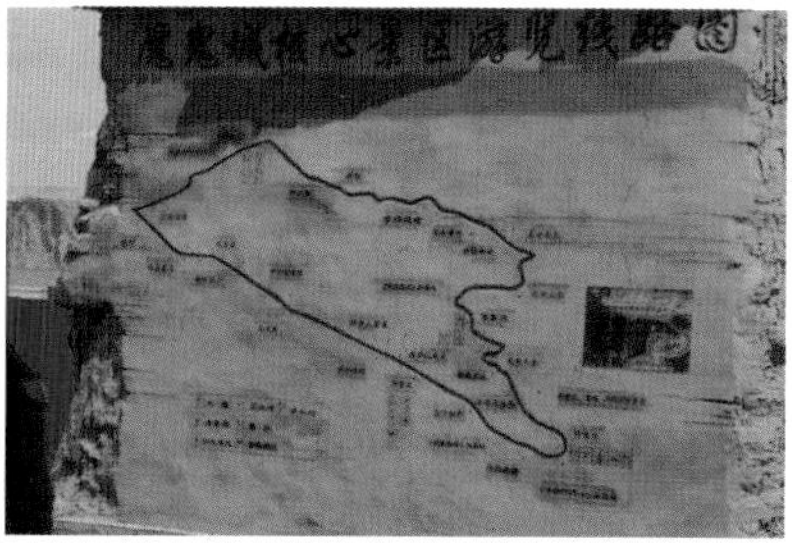

図84　「魔鬼城」の見学ルート

図85　「魔鬼城」と観光用カート

図86　軍艦のようにも見える「魔鬼城」の一部

パの山地のような景観を呈している。
山地からの崖錐斜面や土石流堆の緩斜面には包が散在する。そこで目立つのが、包の外側に設けられた3m×2m位の太陽光発電用のパネルである（図87）。夕方、包の横を通ると、包の屋内には電灯の明かりの中にテレビの光が見える。辺境遊牧民に限らず、スマホを持った人も多い。峠や山腹のあちこちに、高さ20mほどの、やはり太陽光発電のパネルを備えた通信用のアンテナ（テレビや携帯電話用のアンテナ）が見える。

かつて、電灯や電話機を持つには送電線が必要であった。しかし、いまや自宅の太陽光発電パネルで発電すれば電灯や電話の電力が得られる。スマホの充電も自宅でできる。沙漠地帯だから、電源になる光量は有り余るほどある。テレビや携帯電話などの通信も、やはり太陽光発電パネルを使った小さな中継基地（図88）を介して電波が届く仕組みになっている。私たちメンバーの家にはまだ太陽光発電用のパネルはなく、こういう面では遊牧民よりも〝文明〟が遅れている。21世紀になって太陽光発電の恩恵を一番受けているのは、遊牧民たちではあるまいか。

［注］
（1）寒冷地気候下に見られる土壌の侵食作用の一種。
（2）候漢敏編（2008）『新疆の旅』新疆ウイグル自治区対外文化交流協会。

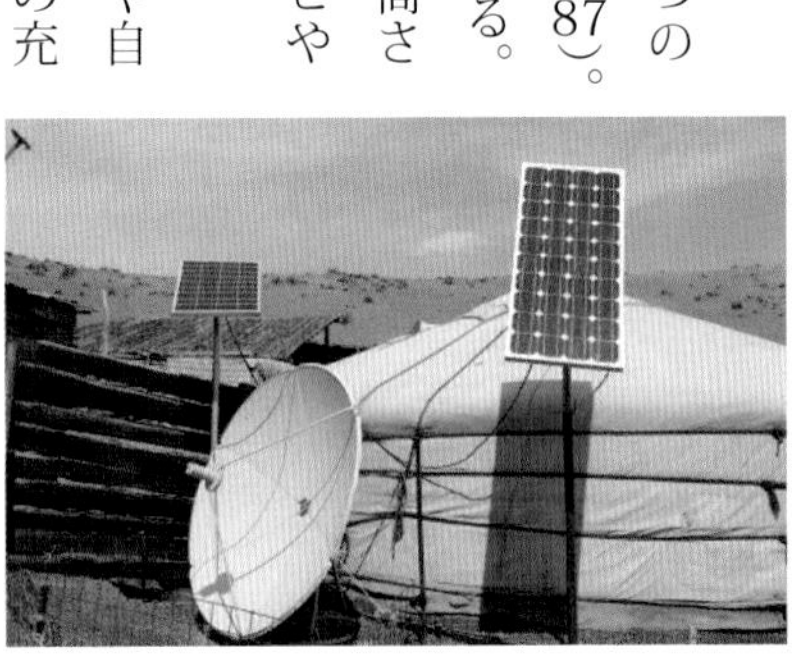
図87　包の横にある太陽光パネル

図88　太陽光発電パネルを備えた通信中継塔

13　北緯49度の喀納斯《カナス》湖

北の阿尓泰《アルタイ》山脈を目指して准噶尓《ジュンガル》盆地の沙漠地帯を横断してきた私たちのバスは、北極海へと流れる国際河川の額尓斉斯《オルチス》河（標高520ｍ）を渡り、午後6時半過ぎに山麓に達した（図91）。ここから阿尓泰山脈西端に当たる、古生層の砂岩や頁岩《けつがん》が分布する丘陵性山地の登りになり、1時間ほどで標高1000～1500ｍの高原に達した。高原には新鮮な片麻岩《へんまがん》があちこちに露出しており、バスから降りて観察するとその表面には氷河による擦痕《さっこん》が認められ、氷食地形であることがわかる（図90）。高原の原野にはポツンと喀納斯《カナス》空港があって、辺境での観光に力を注いでいることがうかがえる。さらに走ると検問所があってチェックを受けて、標高1900ｍのホテルに着いたのは黄昏時の午後10時過ぎであった。ここは観光用に新しく作られた街と思われ、宿泊施設主体の保養地のようだ。

翌8月6日の朝、喀納斯湖一帯はジオパーク（2006年に指定、面積2200㎢）であるため一般車両の乗り入れが制限されており、ホテル近くのジオパーク入口からシャトルバスでタイガ林の喀納斯河に沿ってさかのぼる。喀納斯湖はボールジン県の西北120㎞にある喀納斯自然保護区の中部に位置

図90　高原上の氷食地形

図89　近代的な服装の遊牧民の子どもたち（日本からのお土産を配る）

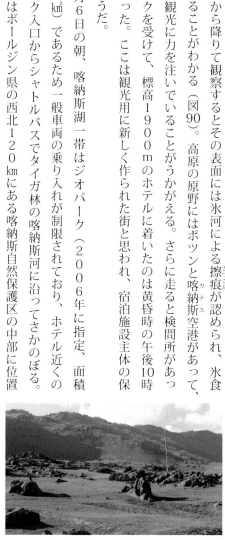

する湖で、モンゴル語で「美しい神秘な湖（聖なる水）」という意味だという。この湖は海抜１３７４ｍにあり、長さ25㎞、幅１・６～２・９㎞、面積37・７㎢の、氷河の堆積物による堰止め湖である。水深は１８８・５ｍもあって、中国で最も深い湖だという。

40分ほどで、喀納斯湖を形成した大規模なモレーン（氷堆石）の上に建設されたバスターミナルやレストランのある場所に着く。ここでさらにマイクロバスに乗り換えて、モレーンを見下ろす標高１８７０ｍの観魚台に着いた。

ここからは１３００段の階段を登って標高２０２０ｍの展望台に行く（図92）。厚い木板でできた階段には一段ごとに番号をふってある。登りの階段沿いの斜面には緑色片岩《りょくしょくへんがん》が広く分布し、一部には砂質片岩や泥質片岩が見られる。そのような場所に一抱えもある花崗岩の岩塊がいくつか認められる。図93のリング状の花崗岩は、氷河の底面で形成された甌穴の一部にあたる岩塊で、氷河によって遠方から運ばれてき

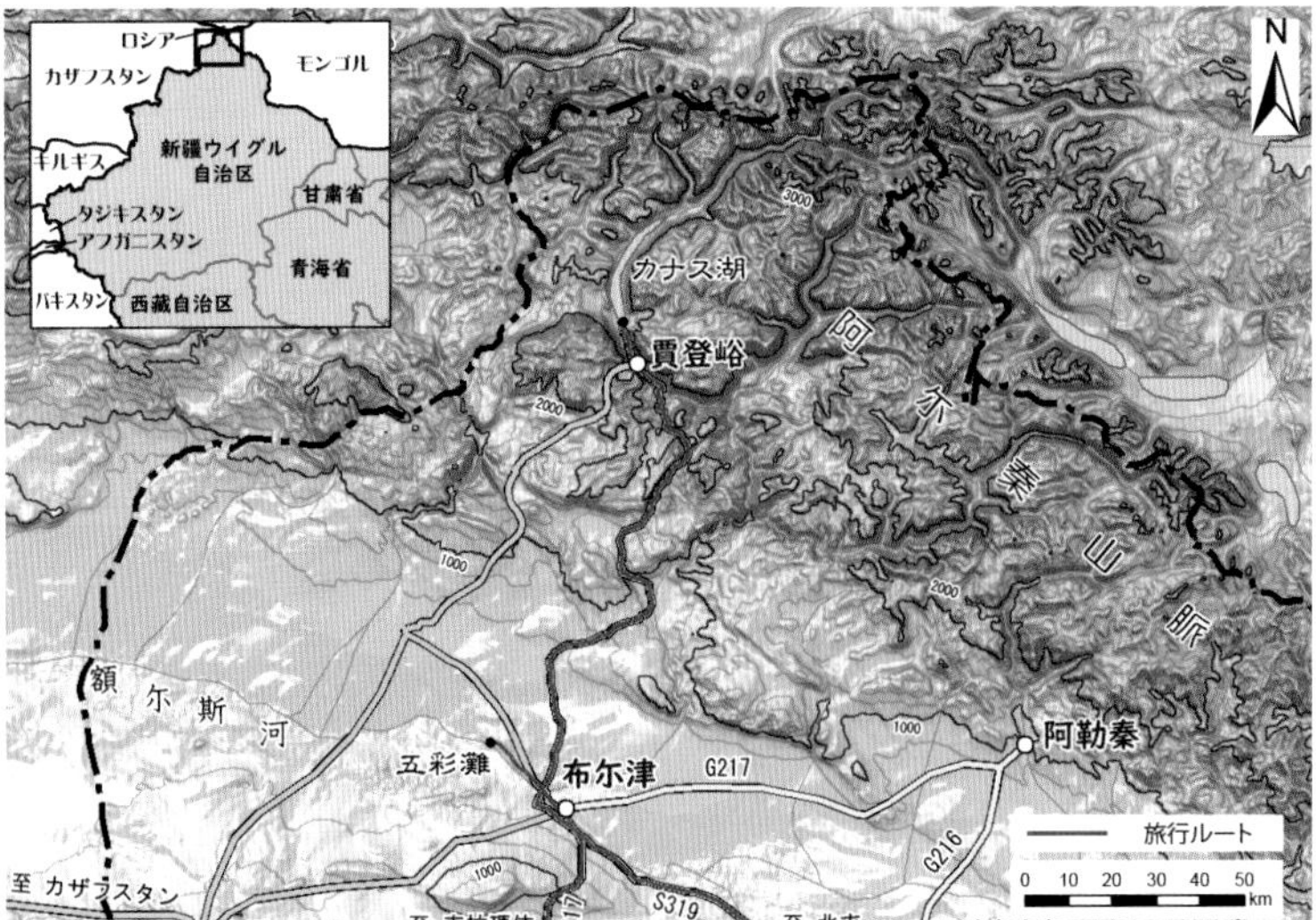

図 91　喀納斯湖周辺地形図

たいわゆる〝迷子石〟である。1時間ほどかけて登り切り、展望楼閣から360度の大展望を楽しんだ。湖がモレーンで堰き止められて形成されたことや、湖水がモレーンの中央を流れ出る様子などが観察でき、周囲には氷河で削られた山々が望まれる素晴らしい景色である（図94）。季節や天候によって湖面の色がいろいろに変わるという。ここは北緯49度で、日本付近でいうと樺太中央部にあたり、湖の上流の稜線はカザフスタン共和国・ロシア・モンゴル国との国境となっている。

展望台を後にしてマイクロバスでモレーン上の乗継基地まで戻り、昼食をとった後に喀納斯湖の遊覧船に乗る。湖上から見ると、両岸の急崖には氷河で磨かれた新鮮な岩盤が露出しており、大規模なU字谷の底にいることがわかる（図95）。晴れていたのに、しばらくすると急に大粒の雨が降ってきた。30分間程度であったが乾燥地域の人々にとっては雨が珍しいようで、大騒ぎで喜んでいた。

なお、図93のような〝迷子石〟は、図96に示すようにして形成されたポットホール（中国語では氷臼《ひょうきゅう》）の一部が壊れて、運ばれてきたたものである。

①基岩(a)を覆う厚い氷河の氷の層(b)に割れ目(c)ができる。

②融氷水がその割れ目に流れ込んで、次第に円柱状の孔(d)に広がっ

図93　緑色片岩上の花崗岩の〝迷子石〟

図92　1300段の階段を頂上側から望む
稜線沿いにはタイガ林が分布.

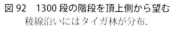

ていく。

③円柱状の孔から流入した融氷水が、さらに基岩にも孔を開けてポットホール(e)を形成する。

④氷河が消失したあと、基岩上にはポットホール群(f)だけが残る。

(ポットホールに漂礫(g)が入り込んで穴を大きくすることが多い。)

[注]

(1)施雅風(2011)『中国第四紀氷川新論』上海科学普及出版社。

14 五彩灘《ごさいたん》の花嫁

8月6日の夕方、阿尔泰《アルタイ》山脈山麓の喀納斯《カナス》湖入口付近(標高約2000m)から、バスは一気に山麓の准《ジュン》喝尔《ガル》盆地西縁の布尔津《ブルギン》の低地帯(標高約500m)に下る。喀納斯湖周辺の山地稜線は比較的緩やかで、準

図94　展望台付近からの喀納斯湖とモレーン

図95　湖の両岸の急崖には新鮮な岩盤が露出
谷壁斜面は氷河のU字谷跡である.

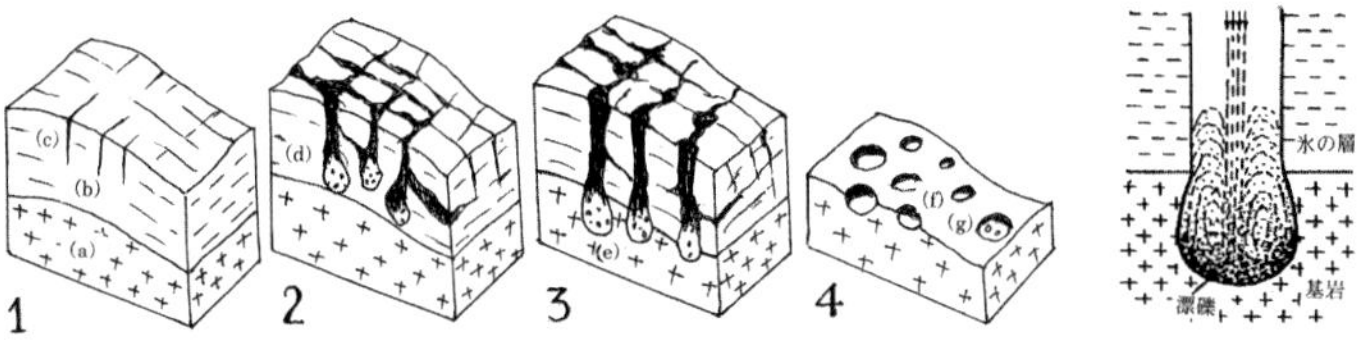

図96　氷河によるポットホールのでき方(施雅風, 2011)[1]

平原も見られる。また、各所に氷河地形が発達している。低地が見え始めるあたり南西方向の山麓には、断層（北東―南西）に沿って明瞭な三角末端面が約10㎞にわたって連続する（図98）。低地帯を約50㎞走ると布尔津の中心市街地である。目指す五彩灘《ごさいたん》は布尔津からさらに北西約23㎞の、額尔斉斯《オルチス》河（国際河川）右岸の丘陵である。丘陵一帯は「丹霞《たんか》地形」とも「ヤルダン地形」と呼ばれる、水食・風食による起伏に富んだ特異な形状を示す地形である。

　五彩灘の駐車場からは遊歩道が整備されており、しばらく行くと眼下に額尔斉斯河を見下ろす展望台に着く。展望台から下方の額尔斉斯河畔へも歩道が続いているが、我々は時間もあまり無いことから展望台からの眺望だけを楽しんだ。展望台と額尔斉斯河との比高は約100m程度で、周辺はすべて露岩地帯である（図99）。露出する地層は中生代（ジュラ紀～白亜紀）の泥岩主体（砂岩・

図97　喀納斯湖から流れ出る喀納斯河

図98　三角末端面が連なる（右方）

図99　額尔斉斯河とヤルダン地形

図100　カザフ族のカップル

凝灰岩・石炭等）の色鮮やかな地層である。よく見ると5色以上の色相があるかも知れないが、語呂合わせから「五彩灘」と命名されたのであろうか。

現地は夜10時過ぎだが明るく、魔鬼《まき》城から喀納斯湖への主要観光ルートにあたることから、多くの観光客が訪れている。その中の1組（カザフ族）は結婚の前撮りに五彩灘を訪れており、仲間の多くが景色より花嫁の美しさに見とれた（図100）。花嫁は小柄で、羽の付いた帽子を被っている。ドレスは新疆の空を彷彿させる濃い青色で、五彩灘に青が1色加わり、「六彩灘」だ。

到着直後、景色は地層自体の色彩で彩られていたが、夕陽が傾くにつれて地層は赤彩色に染まり、夕陽が沈む頃には周辺一帯は赤一色に染められ、幻想的な世界へと変わる。下方に目を移すと、額尔斉斯河も水面に反射する夕陽に輝き、河面を眺める我々の顔を赤く照らす（図101）。

夕陽が完全に沈むと周辺一帯は急に闇夜となり、我々は、遠くに見える駐車場の明かりを目指して専用バスへと向かった。今夜は布尔津の友誼峰大酒店泊まりである。五彩灘の景色に魅了された我々であったが、翌日訪れた五彩湾ではスケール・色彩とも五彩灘をはるかにしのぐ景観に、皆新たな歓喜の声をあげた。

図 101　夕陽に染まる五彩灘

図 102　烏倫湖湖岸の礫層

15　五彩湾とヤルダン地形

布尔津《ブルギン》に泊まった翌朝（8月7日）、9時にホテルを出発して、准噶尔《ジュンガル》盆地で阿尔泰《アルタイ》山脈と烏魯木斉《ウルムチ》の中間にある五彩湾へと向かった（図74）。この日は准噶尔盆地の周辺を辿る沙漠（ゴビ）の縁のルートで、目的地まで約500㎞の間にこれといって立ち寄るところもない。

1時間ほどの走行で、平坦な沙漠の中にある烏倫《ウロン》湖の横で下車して湖を見に行く。この湖は塩湖で、水深は平均8m、北側を流れる額尔斉斯《オルチス》河が供給する堆積物によって南側の浅い谷が閉塞されてできた湖と思われる。この堆積物は円磨度の良好な小礫以下の片麻岩・チャート・砂岩・粘板岩・石英などを含む砂礫層で（図102）、私たちはきれいな小石を探してしばしの時間を楽しんだ。

ここからは、ひたすら沙漠を走るのみ。途中の小さ

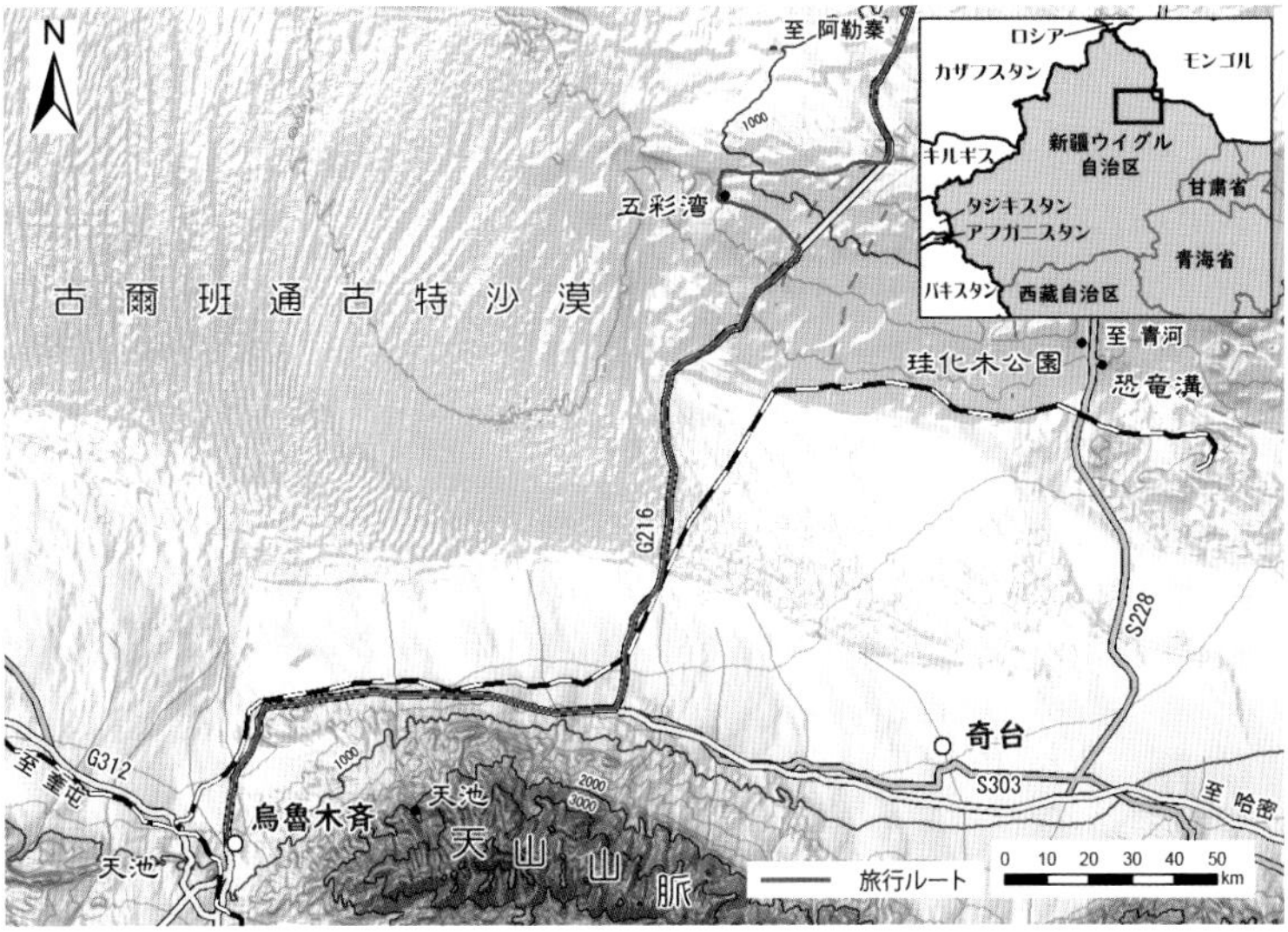

図 103　五彩湾周辺地形図

な町の食堂（恰庫尓図旅遊兵館）で昼食をとり、午後6時頃に五彩湾を望む地点に到達した。五彩湾の少し手前から新しくできた道路に入ったが、対向車も後続車もなく、道路いっぱいに広がって記念写真を撮った（図104）。

　五彩湾といっても海があるわけではなく、緩く傾斜したジュラ紀や白亜紀の地層が侵食されて、斜面にいろいろな色の地層が縞状に分布

図104　五彩湾方面を背景に交通のまばらな道路で記念撮影

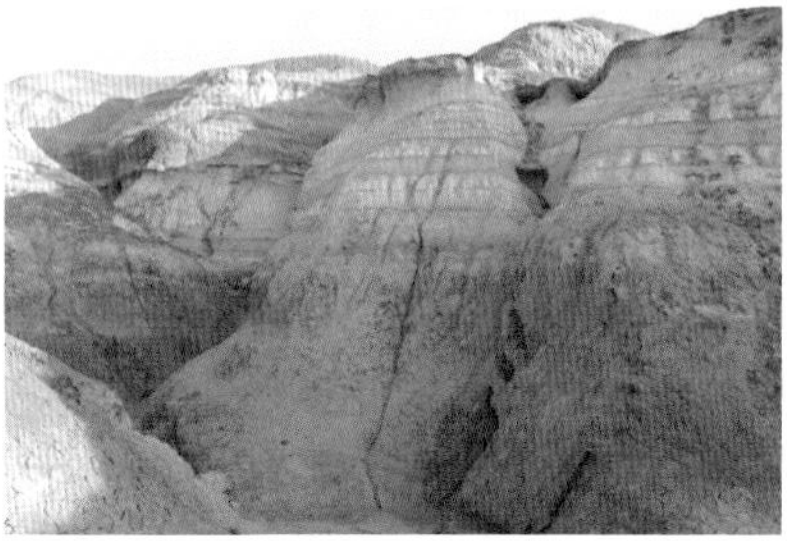

図106　ヤルダンを構成する地層

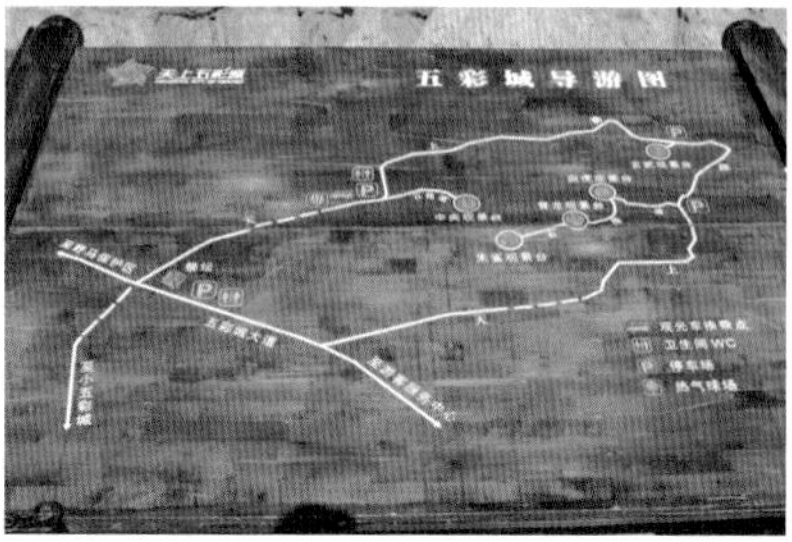

図105　五彩湾を巡るルート

図107　五彩湾の夕陽に彩られた丹霞地形

する場所である。特に夕陽によって濃淡が強調されるとのことで、夕方まで待って撮影した。地層は図106のように風化に弱い泥岩主体で、砂岩・石炭・凝灰岩層を挟み、色調は赤褐色・淡灰色・黄灰色・緑灰色・暗灰色など5色があって、文字通りの五彩湾で誤りないことを確認した。

中国では図107のような色彩の地層からなる景観を「丹霞《たんか》地形」と呼ぶが、これは広東省の丹霞山ジオパークにちなむ名称である。

16　天山北路トイレ事情

中国では「トイレは文明の入り口」のスローガンのもとに、トイレ革命が進められているが、トイレ建設・管理レベルはまだ格段に低く、立ち遅れた状態のように見受けられる。原因としては、第1に資金不足、第2に管理不行き届き、第3に技術的問題があげられる。新疆は高地・寒冷地、山間部、水資源に乏しい地域など多種多様な地域で構成されているが、なんといっても一番の原因は、トイレを使用する民族の衛生観念や公共意識の低さではなかろうか。私たちは中国の数回の旅行経験からつくった独自のランキング表（第Ⅰ編107ページ）を念頭に、男性たちはトイレに行く度にトイレ事情を評価し、トイレのきれい

図108　五彩湾付近の硬質頁岩のヤルダン地形

さを気にする女性連にアドバイスをすることが習慣となった。

天山北路の今回のトイレ事情を見ると、前回の天山南路（２０１１年）の旅に比べて飛躍的にきれいになっているのに驚く。施設が新しく設置されているか、あるいは世界ジオパークに指定された大規模施設ができたことによるのかは不明であるが、なかには身体障害者専用トイレも設けられている。天山南路では遠くからカレーズで水を引くなど水事情がきわめて悪いが、天山北路沿いは融雪水が豊富で容易に水が得られることから、トイレにも水洗用水として豊富に利用されているのであろう。中国トイレの代名詞でもある「ニーハオ・トイレ」―側壁があっても低くて隣同士が会話ができる―は、北新疆ではほとんど見られない。

旅の初めの出来事であるが、天山山脈越えの道中のレストランに立ち寄った際、トイレからアヒルの集団が出てきた。中には和式タイプの便器が2つあり、床一帯には緑色の糞が落ちている。なぜ、アヒルがトイレにいるのだろうかと疑問をもってレストランを後にしたが、その疑問は、峠を越える際に立ち寄った野生動物の毛皮を売っている店で解決された。アヒルがひょっとしたら人糞を食べるのではないかと、仲間の一人（長田）が試しにしゃがんでポーズをとってみると、あろうことかアヒルが尻に寄ってきた。なんと人糞を待っているのだ（図111）。

図 109　ランク 1 のトイレ

図 110　ランク 3 のトイレ

シルクロードでは道路沿いにポプラが植えられ、平行して水路が整備されており、水路では大人・子供が用を足している光景を何度か目にした。地元の民族にとってトイレは個室でするという感覚はあまりない。おそらく、戦乱に明け暮れた民族の歴史の中では、個室は最も危険な場所であり、またニーハオ・トイレでは、お互いを牽制できるなどの利点があるし、コミュニケーションの場でもあるのだろう。たかがトイレであるが、その違いや変化には深いものがあると実感する。

17　李さんとの再会

旅行最終日の前夜（8月8日）、烏魯木斉《ウルムチ》のホテルで、私たちは2011年の天山南路旅行の時のツアーガイドの李《り》永《えい》さん（新疆中国国際旅行有限責任公司）と3年ぶりの再会を果たした。李さんは夜10時過ぎに私たちの滞在する南航明珠国際酒店に、山西省の有名な白酒《パイチュー》である玢酒《フェンチュー》（一番おいしい白酒）と吐魯番《トルファン》のワインを持って現れた。

　李さんによると、日中関係が悪化したことから最近は台湾など東南アジアの添乗が多く、地元新疆ウイグルでの日本語ガイドの仕事はほとんど無くなった

図111　ポーズをとるだけで待ち構えるアヒル

図112　李さん（左端）との再会を祝う

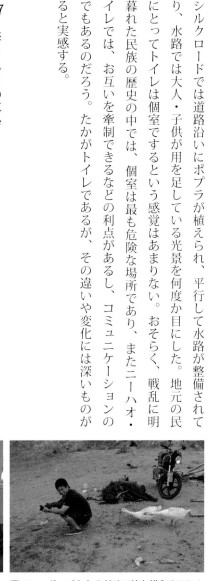

との話である。その後結婚して一人息子の父親となり、小柄な体型にもどことなく貫禄が漂う。私たちはいつもの通り車座になって飲んだ（図112）。

話題はもっぱら前回の天山南路のことで、なかでも、喀什《カシュガル》でメンバーの魯が激しい下痢のため、一晩病院にお世話になった際に、一晩中付き添ってくれた李さんが漢民族であるが故に体験した興味深い話をしてくれた。病院の医療関係者はウイグル族が中心であり、魯が一晩入院した病棟もすべてがウイグル族の入院患者であった。李さんのみが漢民族であり、天敵に睨まれた蛙のような恐怖心から、一時でも早く病棟から脱出したい一心で、点滴のコックを大きく開いてスピードアップを図り、足早に病院を後にしたとのことである（くわしくは第Ⅰ編108ページ参照）。

話は尽きることが無い。その後、李さんは若い長田と共に烏魯木斉のネオン街に消えていった。私たちは李さんの友情と義理堅さに感動すると共に、世界中どこにあっても人と人との付き合いの大切さを心底思ったものだ。

翌朝、私たちは暖かい思い出を胸に、いつかまた烏魯木斉の地を踏もうと誓いあって、機上の人となった。

（下巻に続く）

【著者紹介】

高安 克己（たかやす かつみ）
島根大学名誉教授、理学博士
1948 年千葉県生まれ、京都大学理学研究科地質学鉱物学専攻

真下 光昭（ましも みつあき）
大原日本語学院日本語講師
1951 年群馬県生まれ、上智大学法学部法律学科卒

魯 誠寿（ろ せいじ）
（株）応用地理研究所　都市計画部長　理学博士
1973 年千葉県生まれ、日本大学大学院理工学研究科地理学専攻

神谷 振一郎（かみや しんいちろう）
（株）応用地理研究所　地理調査部 G 長
1979 年埼玉県生まれ、法政大学大学院人文科学研究科地理学専攻（修士）

長田 真宏（おさだ まさひろ）
（株）応用地理研究所　地理調査部技師
1983 年山梨県生まれ、立正大学地球環境科学部環境システム学科卒

北久保 鈴香（きたくぼ すずか）
（株）応用地理研究所　都市計画部技師補
1994 年東京都生まれ、明星大学理工学部総合理工学科環境生態学系卒

尾上 篤生（おのうえ あつお）
興亜開発（株）技術顧問、工学博士
1946 年東京都生まれ、東京工業大学大学院理工学研究科土質工学専攻（修士）

神嶋 利夫（かみしま としお）
小外水産（株）代表取締役
1947 年富山県生まれ、富山大学大学院理工学教育部博士課程地球生命環境科学専攻（博満退学）

堤　駿介（つつみ しゅんすけ）
元日本道路公団職員
1940 年福岡県生まれ、福岡大学商学部卒

鈴木 敏之（すずき としゆき）
元茨城県職員
1947 年茨城県生まれ、中央大学土木工学科卒

籾倉 克幹（故人）（もみくら よしまさ）
元農林水産省地質官
1935 年広島県生まれ、広島大学理学部地学科卒

以上の他の旅行参加者
中家恵子、今村京子、籾倉洋子、比嘉豊次、波多野直人、竹内千恵子

【編著者紹介】

今村 遼平（いまむら りょうへい）
アジア航測（株）名誉フェロー、理学博士
1941年福岡県生まれ、熊本大学理学部地学科卒
趣味：中国文化、絵画、コーラス

中家 惠二（なかいえ けいじ）
（株）応用地理研究所代表取締役、（有）日本土壌研究所取締役
1951年岡山県生まれ、駒澤大学大学院人文科学研究科地理学専攻（修士）
趣味：旅行と写真

上野 将司（うえの しょうじ）
応用地質（株）社友、工学博士
1947年東京都生まれ、北海道大学理学部地質学鉱物学科卒
趣味：登山とスキー、鉄道旅行

書　名	**シルクロード1万5000キロを往く　上巻** **天山南路・天山北路－大草原と氷河の旅－**
コード	ISBN978-4-7722-4225-7 C1026
発行日	2021年10月10日　初版第1刷発行
編著者	**今村遼平・中家惠二・上野将司** Copyright ©2021 IMAMURA Ryohei, NAKAIE Keiji and UENO Shoji
発行者	株式会社古今書院　橋本寿資
印刷所	三美印刷株式会社
発行所	**（株）古 今 書 院** 〒113-0021　東京都文京区本駒込5-16-3
電　話	03-5834-2874
F A X	03-5834-2875
U R L	http://www.kokon.co.jp/
	検印省略・Printed in Japan